빽빽이 초중등
필수 영단어
1

빽빽이 초중등 필수 영단어 1

발행일	2023년 8월 11일		
지은이	서재우		
펴낸이	손형국		
펴낸곳	(주)북랩		
편집인	선일영	편집	윤용민, 배진용, 김부경, 김다빈
디자인	이현수, 김민하, 김영주, 안유경	제작	박기성, 구성우, 변성주, 배상진
마케팅	김회란, 박진관		
출판등록	2004. 12. 1(제2012-000051호)		
주소	서울특별시 금천구 가산디지털 1로 168, 우림라이온스밸리 B동 B113~114호, C동 B101호		
홈페이지	www.book.co.kr		
전화번호	(02)2026-5777	팩스	(02)3159-9637

ISBN   979-11-6836-963-4 64740 (종이책)   979-11-6836-964-1 65740 (전자책)
        979-11-6836-971-9 64740 (세트)

(주)북랩 성공출판의 파트너

북랩 홈페이지와 패밀리 사이트에서 다양한 출판 솔루션을 만나 보세요!

홈페이지 book.co.kr   •   **블로그** blog.naver.com/essaybook   •   **출판문의** book@book.co.kr

작가 연락처 문의 ▸ ask.book.co.kr

작가 연락처는 개인정보이므로 북랩에서 알려드릴 수 없습니다.

QR코드 60개 수록 | Day별 단어 및 예문 원어민 음원 듣기 제공

쓰면서 · 반복해서 · 외우는 · 영단어 · 장기기억 · 학습

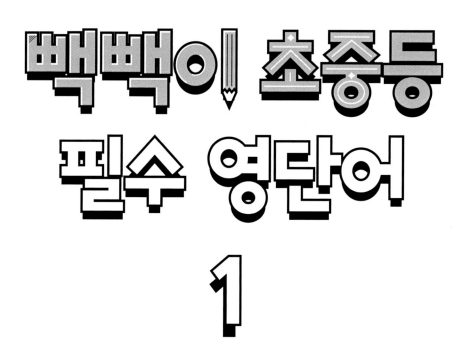

빽빽이 초중등 필수 영단어 1

서재우 지음

북랩

이 책에 대해서

지금까지 수많은 단어책들이 나와 있고 앞으로도 수많은 단어책들이 쏟아져 나올 것을 믿어 의심치 않는 가운데 색다른 영어단어책을 세상에 내보내게 되었습니다.

이 책은 학생들의 단어 암기 성공에 가장 초점을 둔 책입니다. 그것을 위한 『빽빽이 영단어 기초』의 가장 특징들은 다음과 같습니다.

첫째 빽빽이(쓰는 것)를 책에 직접 쓰면서 외우는 노트 채우기 방식의 단어책입니다. 둘째 장기기억으로 넘어가기 위해 하나의 단어가 뒤에 다시 반복적으로 나온다는 것입니다.

기존의 책들이 각 Day에 스무 개의 단어를 외우게 하지만 이 책의 Day에는 첫날 스무 개를 제외하고는 매 Day마다 열 개의 단어들(2권의 경우 5~10개 이상)만 새로 추가됩니다. 나머지 열 개는 앞에 있는 단어들이 반복해서 나옵니다.

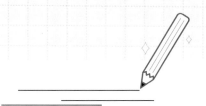

　매 7일 째는 앞 1~6일까지 나온 단어들을 종합해서 나옵니다. 즉 새로운 단어 대신에 기존의 단어들을 복습합니다. 7일 차(7, 14, 21, 28 등)들과 Day 1을 제외하고는 새로운 단어들은 10개만 추가 됩니다.

　『빽빽이 영단어 기초』 시리즈는 총 1,000개의 단어들이 기초 1, 기초 2, 총 두 권으로 구성되어 있으며 각 권 500단어들로 구성되어 있는데 모든 단어들은 한 권 안에 평균적으로 세 번씩 반복해서 나옵니다.

　기존의 책들보다 장기기억으로 넘어가는 데 조금 더 도움이 되고 더 나아가 매일 단어들을 외워야 하는 학생들의 부담도 줄입니다.

　이점이 기존에 나와 있는 영어단어책들과는 확연히 다르다는 것에 자부심을 느끼며 『빽빽이 영단어 기초』 시리즈가 영어공부에 조금 더 도움이 되기를 바라고 성공을 기원합니다.

서재우

CONTENTS

이 책의 구성 및 효과적으로 공부하는 방법

1. QR코드를 통해 단어와 예문 발음을 들으며 예문의 빈칸을 채우세요.

hear 통 듣다
Did you _____ the news?
너는 그 뉴스를 들었니?

heart 명 심장, 마음
He has a warm _____.
그는 따뜻한 마음을 가지고 있다.

2. 빽빽이 칸에 최대한 많이 영어단어를 쓰세요.
(기호에 따라 영어 단어 뒤 한글을 채워도 됩니다)

직접 쓰면서 암기해보세요 !

beautiful beautiful beautiful beautiful
beautiful beautiful beau

beautiful
She is very _____.

3. check up의 문제를 풀어보세요.

다음 문장들을 해석에 맞게 빈칸을 채우세요.

1. 나는 공원에서 개를 산책시킨다.
   I walk the dog in the _____.

2. 그녀는 왕자와 결혼했다.

● 단어 암기가 가장 어려운 부분 중 하나이지만
습관이 되도록 노력하세요. [습관이 되면 성공한 것입니다]

4. 스무 개의 단어를 외운 뒤에 Day Test를 치고 채점해 보세요.

한글 단어 문제를 영어로 적으세요.　　　　　　점수: _____

	문제	답
1	왕자	
2	쓰다	
3	공원, 주차하다	

5. 단어 퍼즐 게임을 통해 재미있게 학습해보세요.

● 아래에 나오는 단어 여섯 개를 최대한 빨리 찾아 보세요.

시간기록:

o	m	d	x	d	p	z	d	b	e	t	r	e
f	d	w	u	r	g	g	o	l	t	h	q	y
i	c	p	i	g	b	b	b	s	c	g	m	v
k	x	n	u	b	g	a	l	v	f	i	x	i

6. 단기 기억들이 장기 기억들로 넘어가기 위해서 꾸준히 반복하세요.

Day 7　　　복습하기

직접 쓰면서 외

Day 1

beautiful　　　　　형 아름다운

She is very _____.
그녀는 매우 아름답다.

cousin　　　　　명 사촌

They are my _____s.
그들은 나의 사촌들이다.

dirty　　　　　형 더러운

This room is _____.
이 방은 더럽다.

ground　　　　　명 땅

A plane lands on the _____.
비행기가 땅 위에 내린다.

hear　　　　　동 듣다

Did you _____ the news?
너는 그 뉴스를 들었니?

heart　　　　　명 심장, 마음

He has a warm _____.
그는 따뜻한 마음을 가지고 있다.

help 　　　　　 통 돕다 명 도움

We need a _____.
우리는 도움이 필요해.

job 　　　　　 명 일, 직업

Good _____!
잘했어!

middle 　　　　　 명 중간, 중앙

I am in the _____ of something.
나 지금 뭔가 하는 중이야.

pants 　　　　　 명 바지

They are short _____.
그것은 반바지이다.

park 　　　　　 명 공원 동 주차하다

I walk the dog in the _____.
나는 공원에서 개를 산책시킨다.

prince 　　　　　 명 왕자

She married a _____.
그녀는 왕자와 결혼했다.

quick 　　　　　 형 빠른

He is as _____ as a flash.
그는 번개처럼 빠르다.

quiet · 형 조용한

All students are _____.
모든 학생들이 조용하다.

side · 명 옆, 옆면, 측면

They wave their hands from _____ to.
그들은 그들의 손을 좌우로 흔든다.

street · 명 거리

There are no people on the _____.
거리에 사람들이 없다.

train · 명 기차, 훈련 동 훈련하다

The _____ is late.
그 기차는 늦는다.

understand · 동 이해하다

They don't _____ me.
그들은 나를 이해하지 못한다.

week · 명 주, 일주일

I exercise 7 days a _____.
나는 일주일에 7일 운동한다.

write · 동 쓰다

He _____s a letter.
그는 편지를 쓴다.

Check up

다음 문장들을 해석에 맞게 빈칸을 채우세요.

1. 나는 공원에서 개를 산책시킨다.

   I walk the dog in the _____.

2. 그녀는 왕자와 결혼했다.

   She married a _____.

3. 거리에 사람들이 없다.

   There are no people on the _____.

4. 비행기가 땅 위에 내린다.

   A plane lands on the _____.

5. 그는 따뜻한 마음을 가지고 있다.

   He has a warm _____.

6. 나 지금 뭔가 하는 중이야.

   I am in the _____ of something.

7. 그들은 나를 이해하지 못한다.

   They don't _____ me.

8. 나는 일주일에 7일 운동한다.

   I exercise 7 days a _____.

9. 그 기차는 늦는다.

   The_____ is late.

10. 그는 편지를 쓴다.

    He _____s a letter.

Day 1 Test

한글 단어 문제를 영어로 적으세요.   점수: _____

	문제	답
1	왕자	
2	쓰다	
3	공원, 주차하다	
4	돕다, 도움	
5	더러운	
6	사촌	
7	거리	
8	조용한	
9	아름다운	
10	땅	
11	듣다	
12	땅, 토지	
13	주, 한주	
14	이해하다	
15	옆, 옆면, 측면	
16	기차, 훈련하다	
17	빠른	
18	일, 직업	
19	심장, 마음	
20	듣다	

♣ 테스트의 정답은 앞의 페이지의 단어를 참고하여 직접 채점해 보세요.

직접 쓰면서 암기해보세요 !

beautiful　　　　　형 아름다운

It's a _____ day.
아름다운 날이다.

busy　　　　　형 바쁜

Are you _____?
너 바쁘니?

chance　　　　　명 기회,가능성

Give me one more _____.
한 번 더 기회를 줘.

church　　　　　명 교회

I go to _____.
나는 교회에 간다.

dirty　　　　　형 더러운

This car is _____.
이 차는 더럽다

ground　　　　　명 땅

There are many trees on the _____.
땅 위에 많은 나무들이 있다.

hear 　　　　　　　　　통 듣다

Can you _____ me?
내 말을 들을 수 있니?

heart 　　　　　　　　　명 심장, 마음

She needs a new _____.
그녀는 새로운 심장이 필요하다.

lead 　　　　　　　　　통 이끌다. 주도하다

The chief _____s his tribe.
그 추장은 그의 부족을 이끈다

need 　　　　　　　　　통 필요하다

People _____ new houses.
사람들은 새집들이 필요하다.

number 　　　　　　　　　명 수, 숫자, 번호

What's your phone _____?
너의 전화번호는 무엇이니?

parent 　　　　　　　　　명 부모

They are my _____s.
그들은 나의 부모님들이다.

problem 　　　　　　　　　명 문제, 과제

No _____.
문제 없어요.

quick
형 빠른

You have _____ hands.
너는 빠른 손을 가지고 있다.

quiet
형 조용한

School is_____.
학교가 조용하다.

stand
동 서다

_____ up!
일어서!

start
동 시작하다, 출발하다

The class _____s at 9:30
수업은 아홉 시 30분에 시작한다.

street
명 거리

This is a busy _____.
이곳은 바쁜 거리이다.

understand
동 이해하다

No one _____s me.
아무도 나를 이해하지 않는다.

young
형 젊은, 어린

They are _____.
그들은 어리다.

Check up

다음 문장들을 해석에 맞게 빈칸을 채우세요.

1. 나는 교회에 간다.

   I go to _____.

2. 내 말을 들을 수 있니?

   Can you _____ me?

3. 그들은 어리다.

   They are _____.

4. 이곳은 바쁜 거리이다.

   This is a busy _____.

5. 너는 빠른손을 가지고 있다.

   You have _____ hands.

6. 그들은 나의 부모님들이다.

   They are my _____s.

7. 그 추장은 그의 부족을 이끈다.

   The chief _____s his tribe.

8. 사람들은 새집들이 필요하다.

   People _____ new houses.

9. 학교가 조용하다.

   School is_____.

10. 수업은 9시반에 시작한다.

    The class _____s at 9:30.

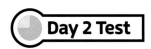

Day 2 Test

한글 단어 문제를 영어로 적으세요.　　　　　점수: _____

	문제	답
1	서다	
2	교회	
3	심장, 마음	
4	더러운	
5	필요하다	
6	이끌다, 주도하다	
7	시작하다, 출발하다	
8	젊은, 어린	
9	기회, 가능성	
10	숫자, 번호	
11	아름다운	
12	빠른	
13	조용한	
14	바쁜	
15	문제, 과제	
16	이해하다	
17	부모	
18	땅	
19	듣다	
20	거리	

♣ 테스트의 정답은 앞의 페이지의 단어를 참고하여 직접 채점해 보세요.

직접 쓰면서 암기해보세요 !

catch   통 잡다, 쥐다, 받다

He _____es bad people.
그는 나쁜 사람들을 잡는다.

chance   명 기회, 가능성

You will have second _____.
너는 두 번째 기회를 가질 것이다.

cloud   명 구름

The _____s look strange.
구름들이 이상하게 보인다.

cousin   명 사촌

He is my _____.
그는 나의 사촌이다.

fact   명 사실

The news is not based on ____.
그 뉴스는 사실에 기반이 아니다.

glad   형 기쁜

I am _____ to hear that.
나는 그것을 들어서 기쁘다.

go   图 가다

I _____ to school.
나는 학교에 간다.

help   图 돕다 图 도움

I don't need any _____.
나는 어떤 도움도 필요하지 않다.

lead   图 이끌다, 주도하다

He can _____ the group.
그는 그 그룹을 이끌 수 있다.

light   图 빛 图 가벼운

This bag is not _____.
그 가방은 가볍지 않다.

look   图 보다, 보이다

She _____s pretty.
그녀는 예쁘게 보인다.

middle   图 중간, 중앙

He grew up in the _____ class.
그는 중산 계층에서 자랐다.

number   图 수, 숫자, 번호

You have the wrong _____.
너는 틀린 번호를 가지고 있다.

pants
명 바지

These _____ are old.
이 바지는 오래되었다.

problem
명 문제, 과제

It's not my _____.
그것은 내 문제가 아니다.

side
명 옆, 측면, 옆면

I live on the river _____.
나는 강가에 산다.

stand
동 서다

The baby can _____.
그 아기는 설 수 있다.

wake
동 깨다

Don't _____ me up.
나를 깨우지 마.

walk
동 걷다

I _____ to school.
나는 학교에 걸어간다.

write
동 쓰다

_____ your name on it.
그 위에 너의 이름을 써.

Check up

다음 문장들을 해석에 맞게 빈칸을 채우세요.

1. 구름들이 이상하게 보인다.

   The _____s look strange.

2. 나는 어떤 도움도 필요하지 않다.

   I don't need any _____.

3. 너는 틀린 번호를 가지고 있다.

   You have the wrong _____.

4. 그것은 내 문제가 아니다.

   It's not my _____.

5. 그 아기는 설 수 있다.

   The baby can _____.

6. 그 위에 너의 이름을 써.

   _____ your name on it.

7. 그는 그 그룹을 이끌 수 있다.

   He can _____ the group.

8. 그는 나의 사촌이다.

   He is my _____.

9. 너는 두 번째 기회를 가질 것이다.

   You will have second _____.

10. 그는 나쁜 사람들을 잡는다.

   He _____es bad people.

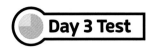 **Day 3 Test**

한글 단어 문제를 영어로 적으세요.

점수: _____

	문제	답
1	기회, 가능성	
2	숫자, 수	
3	중간, 중앙	
4	기쁜	
5	구름	
6	보다, 보이다	
7	가다	
8	걷다	
9	잡다, 쥐다	
10	서다	
11	깨다	
12	이끌다, 주도하다	
13	빛, 가벼운	
14	사촌	
15	쓰다	
16	바지	
17	사실	
18	문제, 과제	
19	옆, 측면, 옆면	
20	도움, 돕다	

♣ 테스트의 정답은 앞의 페이지의 단어를 참고하여 직접 채점해 보세요.

Day 4

airport　　　　　명 공항, 비행장

The _____ is near here.
공항은 근처에 있다.

---

angry　　　　　형 화난

My friend is _____.
나의 친구는 화났다.

---

busy　　　　　형 바쁜

I had a _____ day.
나는 바쁜 하루를 가졌다.

---

dream　　　　　명 꿈 동 꿈꾸다

I don't _____.
나는 꿈꾸지 않아.

---

fact　　　　　명 사실

It is not _____ .
그것은 사실이 아니다.

---

farm　　　　　명 농장

We have a small _____.
우리는 작은 농장을 가지고 있다.

fun
명 재미 형 재미있는

Did you have _____ today?
오늘 하루 재미있었니?

high
형 높은

The building is _____.
그 빌딩은 높다.

job
명 직업, 일

He has no _____.
그는 직업이 없다.

light
명 빛 형 가벼운

Turn on the _____.
불을 켜.

little
형 적은, 어린 부 조금

She has a _____ brother.
그녀는 어린 동생이 있다.

month
명 달, 월

I came here last _____ .
나는 지난달에 여기에 왔다.

need
동 필요하다

Do you _____ anything else?
그밖에 다른 게 필요하니?

park 　　　　　명 공원 동 주차하다

You can _____ here.
너는 여기에 주차할 수 있다.

prince 　　　　　명 왕자

He is a little _____.
그는 어린 왕자이다.

say 　　　　　동 말하다

He didn't _____ much.
그는 많이 얘기하지 않았다.

train 　　　　　명 기차 동 훈련하다

_____ hard.
열심히 훈련해라.

visit 　　　　　동 방문하다

I'll _____ my grandmother.
나는 나의 할머니를 방문할 것이다.

week 　　　　　명 주, 일주일

I met her last _____ .
나는 그녀를 지난 주에 만났다.

young 　　　　　형 어린, 젊은

My dog is _____.
　나의 개는 어리다.

Check up

다음 문장들을 해석에 맞게 빈칸을 채우세요.

1. 나의 친구는 화났다.

   My friend is _____.

2. 그는 어린 왕자이다.

   He is a little _____.

3. 나는 나의 할머니를 방문할 것이다.

   I'll _____ my grandmother.

4. 나의 개는 어리다.

   My dog is _____ .

5. 나는 지난달에 여기에 왔다.

   I came here last_____ .

6. 그 밖에 다른 게 필요하니?

   Do you _____ anything else?

7. 그는 직업이 없다.

   He has no _____.

8. 우리는 작은 농장을 가지고 있다.

   We have a small _____.

9. 그것은 사실이 아니다.

   It is not _____.

10. 나는 꿈꾸지 않아.

   I don't _____.

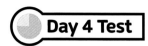

Day 4 Test

한글 단어 문제를 영어로 적으세요.   점수: _____

	문제	답
1	달, 월	
2	꿈, 꿈꾸다	
3	사실	
4	농장	
5	왕자	
6	공원, 주차하다	
7	기차, 훈련하다	
8	주, 일주일	
9	재미, 재미있는	
10	높은	
11	필요하다	
12	화난	
13	공항, 비행장	
14	직업, 일	
15	방문하다	
16	어린, 젊은	
17	말하다	
18	빛, 가벼운	
19	적은, 어린, 조금	
20	바쁜	

♣ 테스트의 정답은 앞의 페이지의 단어를 참고하여 직접 채점해 보세요.

직접 쓰면서 암기해보세요 !

beautiful 형 아름다운

This is a _____ land.
이곳은 아름다운 땅이다.

catch 동 잡다, 쥐다, 받다

_____ this.
이것을 받아

desk 명 책상

I want the _____ in the middle.
나는 중간에 있는 책상을 원한다.

flag 명 깃발, 기

It is a beautiful _____.
그것은 아름다운 깃발이다.

fly 동 날다 명 파리

The penguin can't _____.
펭귄은 날 수 없다.

ground 명 땅

The dog rolls over the _____.
그 개는 땅 위를 뒹군다.

land 　　　　　　　　명 땅, 토지 동 착륙하다

They have a large _____.
그들은 큰 토지를 가지고 있다.

long 　　　　　　　　형 긴, 오래된

Monkeys have _____ arms.
원숭이들은 긴 팔을 가지고 있다.·

meat 　　　　　　　　명 고기

Tigers eat _____ .
호랑이들은 고기를 먹는다.

middle 　　　　　　명 중앙, 중간 형 중앙의

Do you have a _____ name?
너는 중간 이름을 가지고 있니?

mouse 　　　　　　　명 쥐, 마우스

The cat catches the _____.
고양이는 쥐를 잡는다.

parent 　　　　　　　명 부모

_____s are the best.
부모님들은 최고다.

quick 　　　　　　　형 빠른

The mouse is _____.
쥐는 빠르다.

roof   명 지붕

The _____ is old.
지붕이 오래되었다.

start   동 시작하다, 출발하다

The dinner _____s at 7.
저녁 식사는 7시에 시작한다.

understand   동 이해하다

He doesn't _____ his parents.
그는 그의 부모님을 이해하지 못한다

vegetable   명 채소

The _____s are fresh.
그 채소들은 신선하다.

wake   동 깨우다

My dog _____s me up every morning.
내 개가 매일 아침 나를 깨운다.

wet   형 젖은, 축축한

The roof is _____.
지붕이 젖었다.

write   동 쓰다

He _____s books.
그는 책들을 쓴다.

Check up

다음 문장들을 해석에 맞게 빈칸을 채우세요.

1. 나는 중간에 있는 책상을 원한다.

   I want the _____ in the middle.

2. 호랑이들은 고기를 먹는다.

   Tigers eat _____.

3. 그들은 큰 토지를 가지고 있다.

   They have a large _____.

4. 저녁 식사는 7시에 시작한다.

   The dinner _____s at 7.

5. 그 채소들은 신선하다.

   The _____s are fresh.

6. 내 개가 매일 아침 나를 깨운다.

   My dog _____s me up every morning.

7. 지붕이 젖었다.

   The roof is _____.

8. 고양이는 쥐를 잡는다.

   The cat catches the _____.

9. 원숭이들은 긴 팔을 가지고 있다.

   Monkeys have _____ arms.

10. 이곳은 아름다운 땅이다.

    This is a _____ land.

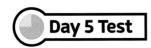

한글 단어 문제를 영어로 적으세요.　　　점수: _____

문제	답
1	빠른	
2	날다, 파리	
3	긴, 오래된	
4	이해하다	
5	젖은, 축축한	
6	중앙, 중간	
7	땅	
8	지붕	
9	깃발, 기	
10	고기	
11	채소	
12	깨우다	
13	잡다, 쥐다,	
14	부모	
15	아름다운	
16	시작하다, 출발하다	
17	쓰다	
18	책상	
19	쥐마우스	
20	땅, 토지, 착륙하다.	

♣ 테스트의 정답은 앞의 페이지의 단어를 참고하여 직접 채점해 보세요.

Day 1-5
word puzzle

● 아래에 나오는 단어 여섯 개를 최대한 빨리 찾아 보세요.

시간기록:

o	m	d	x	d	p	z	d	b	e	t	r	e
f	d	w	u	r	g	g	o	l	t	h	q	y
i	c	p	i	g	b	b	b	s	c	g	m	v
k	x	n	u	b	g	a	l	v	f	i	x	i
b	c	n	f	j	t	n	f	i	u	l	y	z
e	o	m	b	e	q	d	u	r	c	g	o	i
a	b	b	g	b	p	p	d	o	c	h	f	y
u	d	e	z	z	s	g	a	v	y	k	u	n
t	v	o	p	n	f	i	q	d	m	u	y	b
i	e	z	c	h	u	c	n	f	c	w	k	b
f	o	h	d	a	e	l	e	m	t	n	e	r
u	k	g	f	l	w	i	k	w	w	p	x	f
l	e	x	b	y	a	a	c	f	e	c	v	w

① 아름다운   ② 왕자
③ 이끌다, 주도하다   ④ 젊은, 어린
⑤ 빛, 가벼운   ⑥ 채소

직접 쓰면서 암기해보세요 !

airport
명 공항, 비행장

This _____ is small.
이 공항은 작다

cold
형 추운

It is very _____.
매우 춥다.

die
동 죽다

Nobody _____d.
아무도 죽지 않았다.

dirty
형 더러운

I see a _____ dog.
나는 더러운 개를 본다.

dream
명 꿈 동 꿈꾸다

_____ big.
크게 꿈을 꿔라.

eat
동 먹다

Do you _____ breakfast?
너는 아침 식사를 하니?

farm
명 농장

This is a potato _____.
이곳은 감자 농장이다.

garden
명 정원

You have a beautiful _____.
너는 아름다운 정원을 가지고 있다.

glad
형 기쁜

We are _____ to meet you.
우리는 너를 만나서 기쁘다.

hear
동 듣다

I _____ nothing.
나는 아무것도 듣지 않아.

hungry
형 배고픈

The baby is _____.
그 아기는 배고프다.

little
형 작은, 적은

My parents live in the _____ house.
나의 부모님은 작은 집에서 산다.

look
동 보다, 보이다

The boy _____s sad.
그 소년은 슬퍼 보인다.

music　　　　　　　　　　　명 음악

I don't hear any _____.
나는 어떤 음악도 들리지 않는다.

play　　　　동 놀다, 연주하다　명 연극

They _____ soccer.
그들은 축구를 한다.

quiet　　　　　　　　　　　형 조용한

The wind is _____.
바람이 조용하다.

visit　　　　　　　　　　　동 방문하다

People _____ the museum.
사람들은 박물관을 방문한다.

wait　　　　　　동 기다리다　명 기다림

Don't _____ for me.
나를 기다리지 마.

wind　　　　　　　　　　　명 바람

The _____ is strong.
바람이 세다.

work　　　동 일하다, 작동하다　명 일

He _____s hard.
그는 열심히 일한다.

Check up

다음 문장들을 해석에 맞게 빈칸을 채우세요.

1. 이 공항은 작다.

   This _____ is small.

2. 나는 더러운 개를 본다.

   I see a _____ dog.

3. 너는 아름다운 정원을 가지고 있다.

   You have a beautiful _____.

4. 우리는 너를 만나서 기쁘다.

   We are _____to meet you.

5. 나는 아무것도 듣지 않아.

   I _____ nothing.

6. 그는 열심히 일한다.

   He _____s hard.

7. 나를 기다리지 마.

   Don't _____ for me.

8. 바람이 조용하다.

   The wind is _____.

9. 사람들은 박물관을 방문한다.

   People _____ the museum.

10. 나의 부모님은 작은 집에서 산다.

    My parents live in the _____ house.

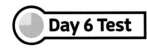

Day 6 Test

한글 단어 문제를 영어로 적으세요.　　　　점수: _____

문제	답
1　추운	
2　작은, 적은	
3　음악	
4　공항, 비행장	
5　먹다	
6　놀다, 연주하다	
7　조용한	
8　방문하다	
9　기다리다	
10　정원	
11　농장	
12　바람	
13　듣다	
14　기쁜	
15　일하다, 작동하다, 일	
16　죽다	
17　꿈, 꿈꾸다	
18　보다, 보이다	
19　배고픈	
20　더러운	

♣ 테스트의 정답은 앞의 페이지의 단어를 참고하여 직접 채점해 보세요.

Day 7 / 복습하기

직접 쓰면서 암기해보세요!

chance　　　　　　　명 기회, 가능성

This is a great _____.
이것은 굉장한 기회다.

cousin　　　　　　　명 사촌

He has many _____s.
그는 많은 사촌들이 있다

die　　　　　　　동 죽다

Don't _____ on me!
내 앞에서 죽지마.

garden　　　　　　　명 정원

This _____ is small.
이 정원은 작다.

high　　　　　　　형 높은

There is no _____ mountain.
높은 산이 없다.

little　　　　형 적은, 작은 부 거의 없는

I have _____ money.
나는 거의 돈이 없다.

meat
명 고기

She doesn't eat _____.
그녀는 고기를 먹지 않는다.

music
명 음악

_____ is important.
음악은 중요하다.

problem
명 문제, 과제

Is there a _____?
문제 있니?

parent
명 부모

They lost their _____s.
그들은 그들의 부모를 잃었다.

quick
형 빠른

He is a _____ learner.
그는 빠른 학습자이다.

quiet
형 조용한

It is a _____ night.
조용한 밤이다.

ride
동 타다

He _____s a horse.
그는 말을 탄다.

roof 　　　　　　　　　　　명 지붕

The _____ is broken.
지붕이 부서졌다.

start 　　　　　　　　동 시작하다, 출발하다

When can we _____?
우리는 언제 시작할 수 있니?

understand 　　　　　　　　　동 이해하다

Nobody _____s me.
아무도 날 이해하지 않는다.

vegetable 　　　　　　　　　명 채소

We grow _____s.
우리는 채소들을 재배한다.

wait 　　　　　　동 기다리다 명 기다림

It was a long _____.
그것은 오랜 기다림이었다.

wet 　　　　　　　　형 젖은, 축축한

Don't eat the _____ bread.
그 젖은 빵을 먹지 마.

young 　　　　　　　　　형 어린, 젊은

My teacher is _____.
나의 선생님은 젊다.

Check up

다음 문장들을 해석에 맞게 빈칸을 채우세요.

1. 내 앞에서 죽지 마!

   Don't _____ on me!

2. 높은 산이 없다.

   There is no _____ mountain.

3. 음악은 중요하다.

   _____ is important.

4. 문제 있니?

   Is there a _____?

5. 그는 빠른 학습자이다.

   He is a _____ learner.

6. 지붕이 부서졌다.

   The _____ is broken.

7. 아무도 날 이해하지 않다.

   Nobody _____s me.

8. 나의 선생님은 젊다.

   My teacher is _____.

9. 그는 말을 탄다.

   He _____s a horse.

10. 이것은 굉장한 기회다.

    This is a great _____.

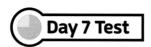 **Day 7 Test**

한글 단어 문제를 영어로 적으세요.   점수: _____

	문제	답
1	조용한	
2	문제, 과제	
3	빠른	
4	높은	
5	적은, 작은, 거의 없는	
6	고기	
7	채소	
8	기다리다, 기다림	
9	기회, 가능성	
10	죽다	
11	음악	
12	시작하다, 출발하다	
13	타다	
14	정원	
15	이해하다	
16	사촌	
17	지붕	
18	젖은, 축축한	
19	부모	
20	어린, 젊은	

♣ 테스트의 정답은 앞의 페이지의 단어를 참고하여 직접 채점해 보세요.

Day 8

직접 쓰면서 암기해보세요 !

age 〔명〕 나이, 시대, 연령

He died at an early _____.
그는 어린 나이에 죽었다.

angry 〔형〕 화난

My dad is very _____.
나의 아빠는 매우 화났다.

breakfast 〔명〕 아침 식사

Don't skip _____.
아침 식사를 건너뛰지 마라.

chance 〔명〕 기회, 가능성

There is no _____ to win.
이길 가망이 없다.

flag 〔명〕 깃발, 기

People wave _____s.
사람들은 깃발들을 흔든다.

fun 〔형〕 재미있는 〔명〕 재미

The game is no _____.
그 게임은 재미가 없다.

hard 　　　형 단단한, 어려운 부 열심히

He studies _____.
그는 열심히 공부한다.

high 　　　형 높은

Birds fly _____.
새들은 높이 난다.

kill 　　　동 죽이다

The cat _____s the mouse.
고양이는 쥐를 죽인다.

long 　　　형 긴, 오래

The line is _____.
줄은 길다.

month 　　　명 월, 달

January is the first _____.
1월은 첫 번째 달이다.

picture 　　　명 그림, 사진

This is a beautiful _____.
이것은 아름다운 사진(그림)이다.

problem 　　　명 문제, 과제

His _____ is bad.
그의 문제는 나쁘다.

ride
동 타다

He can't _____ a bike.
그는 자전거를 탈 수 없다.

say
동 말하다

They _____ goodbye.
그들은 작별을 말한다.

sound
명 소리 **동** 들리다

It makes beautiful _____.
그것은 아름다운 소리를 만든다.

travel
명 여행 **동** 여행하다

Our family _____s a lot.
우리의 가족은 많이 여행한다.

vegetable
명 채소

_____s are good for health.
채소들은 건강에 좋다.

warm
형 따뜻한

Put on _____ clothes.
따뜻한 옷을 입어라.

wife
명 부인

He loves his _____.
그는 그의 부인을 사랑한다.

Check up

다음 문장들을 해석에 맞게 빈칸을 채우세요.

1. 사람들은 깃발들을 흔든다.

   People wave _____s.

2. 고양이는 쥐를 죽인다.

   The cat _____s the mouse.

3. 그 게임은 재미가 없다.

   The game is no _____.

4. 그는 열심히 공부한다.

   He studies _____.

5. 이것은 아름다운 사진(그림) 이다.

   This is a beautiful _____.

6. 그들은 작별을 말한다.

   They _____ goodbye.

7. 그것은 아름다운 소리를 만든다.

   It makes beautiful _____.

8. 우리의 가족은 많이 여행한다.

   Our family _____s a lot.

9. 따뜻한 옷을 입어라.

   Put on _____ clothes.

10. 그는 그의 부인을 사랑한다.

    He loves his _____.

Day 8 Test

한글 단어 문제를 영어로 적으세요.　　　　　점수: _____

	문제	답
1	말하다	
2	깃발, 기	
3	재미있는, 재미	
4	소리, 들리다	
5	여행, 여행하다	
6	기회, 가능성	
7	나이, 시대, 연령	
8	채소	
9	따뜻한	
10	죽이다	
11	부인	
12	월, 달	
13	아침식사	
14	화난	
15	타다	
16	문제, 과제	
17	단단한, 어려운, 열심히	
18	그림, 사진	
19	높은	
20	긴, 오래	

♣ 테스트의 정답은 앞의 페이지의 단어를 참고하여 직접 채점해 보세요.

Day 9

basketball 　명 농구

I like _____.
나는 농구를 좋아한다.

bookstore 　명 서점

She runs a_____.
그녀는 서점을 운영한다.

desk 　명 책상

I bought a new _____.
나는 새 책상을 샀다.

die 　동 죽다

Everything _____s.
모든 것은 죽는다.

early 　형 이른, 초기의 　부 일찍

I get up _____.
나는 일찍 일어난다.

enter 　동 들어가다, 입장하다

Nobody can _____ the room.
아무도 방에 들어올 수 없다.

fly
동 날다, 비행하다 **명** 파리

The boys _____ kites.
그 소년들은 연들을 날린다.

fruit
명 과일

We buy fresh _____.
우리는 신선한 과일을 산다.

garden
명 정원

We found a hidden _____.
우리는 숨겨진 정원을 발견했다.

grass
명 풀, 잔디

Rabbits eat _____.
토끼는 풀을 먹는다.

hungry
형 배고픈

A _____ baby cries.
배고픈 아기는 운다.

land
명 땅 **동** 착륙하다

The farmer lost his _____.
그 농부는 그의 땅을 잃었다.

large
형 큰

Your house is _____.
너의 집은 크다.

meat 　　　　　　 **명** 고기

_____ is delicious.
고기는 맛있다.

mouse 　　　　　　 **명** 쥐, 마우스

The _____ is dirty.
쥐는 더럽다.

music 　　　　　　 **명** 음악

I listen to _____.
나는 음악을 듣는다.

north 　　　　　　 **명** 북부, 북쪽

We live in the _____ area.
우리는 북쪽 지역에 산다.

wait 　　　　 **동** 기다리다 **명** 기다림

_____ up!
기다려!

way 　　　　　　 **명** 길, 방법, 방식

This is a wrong _____.
이곳은 틀린 길이다.

winter 　　　　　　 **명** 겨울

_____ is very cold.
겨울은 매우 춥다.

다음 문장들을 해석에 맞게 빈칸을 채우세요.

1. 그녀는 서점을 운영한다.

   She runs a_____.

2. 나는 일찍 일어난다.

   I get up _____.

3. 우리는 신선한 과일을 산다.

   We buy fresh _____.

4. 배고픈 아기는 운다.

   A _____ baby cries.

5. 겨울은 매우 춥다.

   _____ is very cold.

6. 이곳은 틀린 길이다.

   This is a wrong _____.

7. 우리는 북쪽 지역에 산다.

   We live in the _____ area.

8. 나는 음악을 듣는다.

   I listen to _____.

9. 너의 집은 크다.

   Your house is _____.

10. 토끼는 풀을 먹는다.

    Rabbits eat _____.

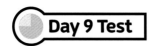
한글 단어 문제를 영어로 적으세요.　　　　점수: _____

문제	답
1　서점	
2　땅, 착륙하다	
3　죽다	
4　고기	
5　들어가다, 입장하다	
6　음악	
7　정원	
8　길, 방법, 방식	
9　배고픈	
10　농구	
11　큰	
12　책상	
13　날다, 비행하다	
14　북부, 북쪽	
15　과일	
16　기다리다	
17　겨울	
18　풀, 잔디	
19　쥐, 마우스	
20　일찍, 이른, 초기의	

♣ 테스트의 정답은 앞의 페이지의 단어를 참고하여 직접 채점해 보세요.

직접 쓰면서 암기해보세요 !

age 　　　　　명 나이, 연령, 시대

in the middle _____s
중세에

bad 　　　　　형 나쁜

_____ dog!
나쁜 개!

breakfast 　　　　　명 아침 식사

_____ is the most important meal.
아침식사는 가장 중요한 식사이다.

class 　　　　　명 수업, 등급, 반

We are in the same _____.
우리는 같은 반이다.

eat 　　　　　동 먹다

I like to _____ meat.
나는 고기를 먹기를 좋아한다.

firefighter 　　　　　명 소방관

He is a _____.
그는 소방관이다.

give　　　　　　　　图 주다

My teacher doesn't _____ homework.
내 선생님은 숙제를 주지 않는다.

great　　　　　图 위대한, 굉장한, 아주 좋은

All mothers are _____.
모든 어머니는 위대하다.

half　　　　　　　　图 반, 절반

I eat a _____ of bread.
나는 빵의 반을 먹는다.

hard　　　　　图 단단한, 어려운 图 열심히

English is _____.
영어는 어렵다.

hit　　　　　　　　图 치다, 때리다

He _____s kids.
그는 아이들을 때린다.

new　　　　　　　　图 새로운

This car is _____.
이 차는 새롭다.

picture　　　　　　图 그림, 사진

Can you take a _____ of us?
저희들 사진을 찍어 주실 수 있나요??

real 혱 진짜의, 실제의, 현실적인

This can't be _____.
이것이 사실일 수가 없다.

ride 동 타다

I don't _____ a bike.
나는 자전거를 타지 않는다.

roof 명 지붕

The _____ leaks.
지붕이 샌다.

round 혱 둥근 부 둥글게

He has a _____ table.
그는 둥근 테이블을 가지고 있다.

warm 혱 따뜻한

The food is _____.
음식이 따뜻하다.

wet 혱 젖은, 축축한

Her eyes are _____.
그녀의 눈동자는 젖었다.

wife 혱 부인

His _____ is angry.
그의 아내는 화났다.

Check up

다음 문장들을 해석에 맞게 빈칸을 채우세요.

1. 그는 소방관이다.

   He is a _____.

2. 나는 빵의 반을 먹는다.

   I eat a _____ of bread.

3. 영어는 어렵다.

   English is _____.

4. 우리는 같은 반이다.

   We are in the same _____.

5. 아침 식사는 가장 중요한 식사이다.

   _____ is the most important meal.

6. 중세에

   in the middle _____s

7. 그는 둥근 테이블을 가지고 있다.

   He has a _____ table.

8. 이것이 사실일 수가 없다.

   This can't be _____.

9. 그는 아이들을 때린다.

   He _____s kids.

10. 모든 어머니는 위대하다.

    All mothers are _____.

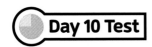

한글 단어 문제를 영어로 적으세요.   점수: _____

	문제	답
1	나쁜	
2	새로운	
3	진짜의, 실제의, 현실인	
4	수업, 등급, 반	
5	소방관	
6	주다	
7	둥근	
8	위대한, 굉장한, 아주 좋은	
9	따뜻한	
10	부인	
11	단단한, 어려운, 열심히	
12	치다, 때리다	
13	나이, 연령, 시대	
14	아침 식사	
15	그림, 사진	
16	타다	
17	먹다	
18	젖은, 축축한	
19	반, 절반	
20	지붕	

♣ 테스트의 정답은 앞의 페이지의 단어를 참고하여 직접 채점해 보세요.

Day 6-10
word puzzle

● 아래에 나오는 단어 여섯 개를 최대한 빨리 찾아 보세요.

시간기록:

t	e	k	u	c	m	p	x	l	x	d	c	w
s	r	b	r	w	y	g	i	v	i	n	t	k
f	o	w	k	e	g	a	w	c	t	o	k	r
c	t	l	v	o	s	e	t	s	t	n	k	m
w	s	u	r	g	l	i	s	e	i	u	p	a
r	k	a	l	s	o	i	j	r	w	a	r	a
l	o	h	a	n	q	a	d	i	h	x	o	e
x	o	p	a	w	t	x	q	e	f	p	b	w
z	b	r	p	d	j	g	r	a	s	s	l	l
r	y	j	b	b	l	s	q	l	m	j	e	t
v	j	n	s	k	e	o	b	y	s	w	m	k
x	p	f	n	g	d	p	e	d	u	s	a	t
p	z	g	h	o	h	j	j	v	b	g	t	l

①   서점   ②   마시다
③   풀,잔디   ④   그림,사진
⑤   문제,과제   ⑥   사전

직접 쓰면서 암기해보세요 !

beach 　　　　　　　　　　　명 해변

Many people are on the _____.
많은 사람들이 해변에 있다.

basketball 　　　　　　　　　명 농구

Do you play _____?
너는 농구를 하니?

cold 　　　　　　　　　　형 추운, 차가운

The water is _____.
물이 차갑다.

dictionary 　　　　　　　　　명 사전

You can use a _____.
너는 사전을 사용할 수 있다.

drink 　　　　　　　명 음료 동 마시다

I _____ milk.
나는 우유를 마신다.

feel 　　　　　　　　　　　동 느끼다

I _____ lonely.
나는 외롭게 느낀다.

fruit 　　　　　　　　명 과일

_____ is expensive.
과일은 비싸다.

have 　　　　　　　　동 가지다

Can I _____ your name?
제가 이름을 알 수 있을까요?

make 　　　　　　　　동 만들다

He _____s tea.
그는 차를 만든다.

mask 　　　　명 가면, 마스크 동 감추다

This _____ looks weird.
이 가면은 이상하게 보인다.

play 　　　　　　동 놀다, 연주하다

I _____ the piano.
나는 피아노를 연주한다.

run 　　　　동 달리다, 운영하다, 경영하다

She _____s slowly.
그녀는 느리게 달린다.

short 　　　　　　　　형 짧은

She has _____ hair.
그녀는 짧은 머리카락을 가지고 있다.

sound
명 소리 **동** 들리다

The old man _____s sick.
그 노인은 아프게 들린다.

street
명 거리

The _____ is dirty.
거리가 더럽다.

travel
명 여행 **동** 여행하다, 이동하다

We _____ by train.
우리는 기차로 여행한다.

understand
동 이해하다

I don't _____.
나는 이해가 안 가(나는 모르겠어).

weak
형 약한

Young kids are _____.
어린 아이들은 약하다.

wind
명 바람

The _____ is weak.
바람이 약하다.

work
명 일 **동** 일하다

She came to _____.
그녀는 일하러 왔다.

Check up

다음 문장들을 해석에 맞게 빈칸을 채우세요.

1. 너는 농구를 하니?

   Do you play _____?

2. 나는 외롭게 느낀다.

   I _____ lonely.

3. 그는 차를 만든다.

   He _____s tea.

4. 이 가면은 이상하게 보인다.

   This _____ looks weird.

5. 그녀는 짧은 머리카락을 가지고 있다.

   She has _____ hair.

6. 그녀는 느리게 달린다.

   She _____s slowly.

7. 우리는 기차로 여행한다.

   We _____ by train.

8. 어린 아이들은 약하다.

   Young kids are _____.

9. 바람이 약하다.

   The _____ is weak.

10. 그 노인은 아프게 들린다.

    The old man _____s sick.

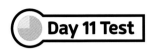# Day 11 Test

한글 단어 문제를 영어로 적으세요.　　　　　점수: _____

	문제	답
1	여행하다, 여행	
2	느끼다	
3	약한	
4	가지다	
5	해변	
6	놀다, 연주하다	
7	일, 일하다	
8	마스크, 가면	
9	농구	
10	달리다, 운영하다	
11	소리, 들리다	
12	사전	
13	마시다	
14	거리	
15	이해하다	
16	과일	
17	만들다	
18	바람	
19	짧은	
20	추운	

♣ 테스트의 정답은 앞의 페이지의 단어를 참고하여 직접 채점해 보세요.

직접 쓰면서 암기해보세요 !

ago 📙 이전, 지난, 전

The train left 5minutes _____.
그 기차는 5분 전에 떠났다.

airport 📙 공항, 비행장

The _____ is not far.
그 공항은 멀지 않다.

earth 📙 지구, 땅

The _____ is round.
지구는 둥글다.

enter 📙 들어가다. 입장하다

You can't _____ here.
너는 여기에 들어올 수 없다.

fall 📙 가을, 폭포 📙 넘어지다

Don't _____ down.
넘어지지 마라.

glass 📙 유리, 잔

A _____ of water.
물 한잔

grass　　　　　　　　　명 풀, 잔디

The _____ is green.
풀은 초록색이다.

group　　　　　명 그룹, 단체, 집단, 무리

A _____ of people entered.
한 그룹의 사람들이 들어왔다.

lead　　　　　　　통 이끌다, 주도하다

Who will _____ us?
누가 우리를 이끌 것이니?

line　　　　　　　　　명 선, 라인

Don't cross over the _____.
그 선을 넘지 마라.

north　　　　　　　　명 북쪽, 북부

The wind comes from the _____.
바람은 북쪽에서 온다.

right　명 옳은, 바른, 정확한, 오른쪽 명 권리

My _____ hand hurts.
나의 오른손은 다쳤다.

strong　　　　　　　형 강한, 튼튼한

The children are _____.
그 아이들은 튼튼하다.

teach　　　　　　　　통 가르치다

What do you _____?
너는 무엇을 가르치니?

twin　　　　　　　　명 쌍둥이

They are _____s.
그들은 쌍둥이다.

vegetable　　　　　　명 채소

The _____s are old.
그 채소들은 오래되었다.

visit　　　　　　　　통 방문하다

When can we _____?
우리는 언제 방문할 수 있니?

walk　　　　　　　명 산책 통 걷다

I like to _____ in the park.
나는 공원을 걷는 것을 좋아한다.

way　　　　　　명 방법, 길, 방식

There is no _____ out.
나갈 길이 없다.

winter　　　　　　　명 겨울

The _____ is long.
겨울은 길다.

Check up

다음 문장들을 해석에 맞게 빈칸을 채우세요.

1. 지구는 둥글다.

   The _____ is round.

2. 한 그룹의 사람들이 들어왔다.

   A _____ of people entered.

3. 그 선을 넘지 마라.

   Don't cross over the _____.

4. 넘어지지 마라.

   Don't _____ down.

5. 너는 여기에 들어올 수 없다.

   You can't _____ here.

6. 바람은 북쪽에서 온다.

   The wind comes from the _____.

7. 너는 무엇을 가르치니?

   What do you _____?

8. 그들은 쌍둥이다.

   They are _____s.

9. 그 아이들은 튼튼하다.

   The children are _____.

10. 나의 오른쪽 손은 다쳤다.

    My _____ hand hurts.

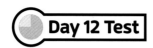

한글 단어 문제를 영어로 적으세요.　　　　점수: _____

문제		답
1	가르치다	
2	들어가다	
3	유리, 잔	
4	채소	
5	걷다, 산책	
6	그룹, 무리, 단체	
7	이끌다, 주도하다	
8	방법, 방식, 길	
9	선, 라인	
10	겨울	
11	방문하다	
12	풀, 잔디	
13	옳은, 바른, 오른쪽	
14	공항, 비행장	
15	이전, 지난	
16	북쪽, 북부	
17	지구, 땅	
18	강한, 튼튼한	
19	넘어지다, 가을, 폭포	
20	쌍둥이	

♣ 테스트의 정답은 앞의 페이지의 단어를 참고하여 직접 채점해 보세요.

직접 쓰면서 암기해보세요 !

always 　　　　　　　　　🕘 늘, 항상

My mom is _____ busy.
내 엄마는 늘 바빠.

beach 　　　　　　　　　🅜 해변

There are many birds on the _____.
해변에 많은 새들이 있다.

cover 　　　　　　　　　🅓 덮다, 가리다

_____ your eyes.
너의 눈을 가려라.

drink 　　　　　　　🅜 음료 🅓 마시다

I want a cold _____.
나는 차가운 음료를 원한다.

dictionary 　　　　　　　　　🅓 사전

This _____ is light.
이 사전은 가볍다.

early 　　　🕘 일찍 🅗 이른, 초기의

I am an _____ bird.
나는 일찍 일어나는 새이다(아침형 인간이다).

east　　　　　　　명 동쪽, 동부

The sun rises from the _____.
해는 동쪽에서 뜬다.

end　　　　　　　명 끝 동 끝내다

The _____ of the road.
길의 끝.

firefighter　　　　명 소방관

_____s are brave.
소방관들은 용감하다.

free　　　　　　　형 자유의, 무료의

This show is _____.
이 쇼는 무료이다.

give　　　　　　　동 주다

_____ me a break.
좀 봐 줘.

large　　　　　　형 큰, 많은

He has a _____ house.
그는 큰 집을 가지고 있다.

learn　　　　　　동 배우다

I _____ English.
나는 영어를 배운다.

real 형 진짜의, 실제의, 현실의

He is not a _____ person.
그는 진짜 사람이 아니다.

round 형 둥근

The baby has a _____ face.
그 아기는 둥근 얼굴을 가지고 있다.

short 형 짧은

This is a _____ story.
이것은 단편 이야기다.

sight 명 시야, 시력, 보기

Out of _____, out of mind.
시야에서 벗어나면, 마음에서도 벗어난다.

sign 명 신호 동 서명하다, 계약하다

_____ here.
여기에 서명해라.

tea 명 차

I drink _____.
나는 차를 마셔.

weak 형 약한

His voice is _____.
그의 목소리는 약하다.

Check up

다음 문장들을 해석에 맞게 빈칸을 채우세요.

1. 나는 차가운 음료를 원한다.

   I want a cold _____.

2. 내 엄마는 늘 바빠.

   My mom is _____ busy.

3. 해는 동쪽에서 뜬다.

   The sun rises from the _____.

4. 이 사전은 가볍다.

   This _____ is light.

5. 길의 끝.

   The _____ of the road.

6. 이 쇼는 무료이다.

   This show is _____.

7. 나는 영어를 배운다.

   I _____ English.

8. 이것은 단편 이야기다.

   This is a _____ story.

9. 여기에 서명해라.

   _____ here.

10. 시야에서 벗어나면, 마음에서도 벗어난다.

    Out of _____, out of mind.

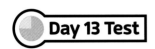

Day 13 Test

한글 단어 문제를 영어로 적으세요.　　　　　점수: _____

	문제	답
1	큰, 많은	
2	해변	
3	마시다, 음료	
4	진짜의, 실제의, 현실의	
5	사전	
6	둥근	
7	짧은	
8	일찍, 이른,	
9	신호, 서명하다, 계약하다	
10	끝, 끝내다	
11	약한	
12	자유의, 무료의	
13	동쪽, 동부	
14	시야, 시력,	
15	배우다	
16	덮다, 가리다	
17	주다	
18	늘, 향상	
19	소방관	
20	차	

♣ 테스트의 정답은 앞의 페이지의 단어를 참고하여 직접 채점해 보세요.

　　　　　　　　　　　　　　　　빽빽이 초중등 필수 영단어 1

직접 쓰면서 암기해보세요 !

age 　　　　　명 나이, 연령, 시대

He is the same _____ with me.
그는 나와 같은 나이이다.

ago 　　　　　부 이전, 지난, 전

I met him a long time _____.
나는 오래전에 그를 만났다.

always 　　　　　부 늘, 항상

My parents _____ love me.
나의 부모님들은 늘 나를 사랑한다.

breakfast 　　　　　명 아침 식사

My mom makes _____.
나의 엄마는 아침 식사를 만든다.

cover 　　　　　동 덮다, 가리다

They _____ the truth.
그들은 진실을 가린다.

dictionary 　　　　　명 사전

The _____ is useful.
사전은 유용하다.

early
형 이른, 초기의 **부** 일찍

I go to bed _____.
나는 일찍 자러 간다.

end
명 끝 **동** 끝내다

The road _____s here.
그 길은 여기에서 끝난다.

grass
명 풀

The _____ is tall.
그 풀은 키가 크다.

picture
명 그림, 사진

I take _____s.
나는 사진들을 찍는다.

real
형 진짜의, 사실의

Are you _____?
너 진짜야(진심이야)?

right
형 오른쪽, 바른, 옳은 **명** 권리

You are always _____.
너는 언제나 옳다.

short
형 짧은

The time is _____.
시간이 짧다.

sight 명 시력, 시야, 보기

He lost his _____.
그는 그의 시력을 잃었다.

sign 명 신호, 징조 동 서명하다

That is a bad _____.
그것은 나쁜 징조이다.

strong 형 강한, 튼튼한

This table is very _____.
이 테이블은 매우 튼튼하다.

teach 동 가르치다

She _____es math.
그녀는 수학을 가르친다.

travel 명 여행 동 여행하다, 이동하다

They like to _____.
그들은 여행하기를 좋아한다.

way 명 길, 방법, 방식

I am on my _____ to school.
나는 학교 가는 중이야.

winter 명 겨울

This _____ came early.
이번 겨울은 일찍 왔다.

Check up

다음 문장들을 해석에 맞게 빈칸을 채우세요.

1. 이 테이블은 매우 튼튼하다.

   This table is very _____.

2. 나는 오래전에 그를 만났다.

   I met him a long time _____.

3. 그들은 진실을 가린다.

   They _____ the truth.

4. 사전은 유용하다.

   The _____ is useful.

5. 나는 사진들을 찍는다.

   I take _____s.

6. 그는 그의 시력을 잃었다.

   He lost his _____.

7. 그들은 여행하기를 좋아한다.

   They like to _____.

8. 나는 학교 가는 중이야.

   I am on my _____ to school.

9. 이번 겨울은 일찍 왔다.

   This _____ came early.

10. 그는 나와 같은 나이이다.

    He is the same _____ with me.

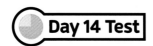

한글 단어 문제를 영어로 적으세요.　　　　점수: _____

문제	답
1　오른쪽, 바른, 옳은, 권리	
2　이전, 지난, 전	
3　아침 식사	
4　시력, 시야, 보기	
5　강한, 튼튼한	
6　사전	
7　끝, 끝내다.	
8　여행하다, 여행	
9　겨울	
10　그림, 사진	
11　진짜의, 사실의	
12　나이, 연령, 시대	
13　짧은	
14　늘, 항상	
15　신호, 서명하다	
16　덮다, 가리다	
17　가르치다	
18　일찍, 이른, 초기의	
19　풀	
20　길, 방법, 방식	

♣ 테스트의 정답은 앞의 페이지의 단어를 참고하여 직접 채점해 보세요.

직접 쓰면서 암기해보세요 !

bookstore 　　　　　명 서점

Is there a _____ near here?
여기 근처에 서점이 있나요?

city 　　　　　명 도시, 시

Seoul is a big _____.
서울은 큰 도시이다.

class 　　　　　명 수업, 반, 등급

This _____ is hard.
이 수업은 힘들다.

earth 　　　　　명 지구, 흙, 땅

The _____ is beautiful.
지구는 아름답다.

fall 　　　명 가을 동 넘어지다, 떨어지다

The _____ is my favorite.
가을은 내가 가장좋아하는 것이다.

floor 　　　　　명 바닥, 마루, 층

The _____ is dirty.
그 바닥은 더럽다.

half　　　　　　　　　명 절반, 반

A _____ of the people are women.
그 사람들 중 반은 여자들이다.

hospital　　　　　　　명 병원

She works at the _____.
그녀는 병원에서 일한다.

last　　　　　　　형 지난, 마지막의

The _____ winter was very cold.
지난겨울은 매우 추웠다.

light　　　　　　명 빛 형 가벼운

There is no _____.
빛이 없다.

many　　　　　　한 (수가) 많은

There are _____ animals.
많은 동물들이 있다.

right　　　　형 옳은, 맞는, 오른쪽 명 권리

He has no _____.
그는 권리가 없다.

sand　　　　　　　명 모래

Kids like to play with _____.
아이들은 모래를 가지고 노는 것을 좋아한다.

strong　　　　　형 강한, 튼튼한

They built a _____ house.
그들은 튼튼한 집을 지었다.

teach　　　　　동 가르치다

I'll _____ you a lesson.
교훈을 가르쳐 줄 것이다.

true　　　　　형 사실의, 진짜의

That's not _____.
그것은 사실이 아니다.

wait　　　　　명 기다림 동 기다리다

The _____ was short.
기다림은 짧았다.

weather　　　　　명 날씨

What's the _____ like?
날씨가 어떻니?

world　　　　　명 세계, 세상

We live in the same _____.
우리는 같은 세상에서 산다.

yesterday　　　　　명 부 어제

What happened _____?
어제 무슨 일 일어났어?

다음 문장들을 해석에 맞게 빈칸을 채우세요.

1. 가을은 내가 가장 좋아하는 것이다.

    The _____ is my favorite.

2. 그 바닥은 더럽다.

    The _____ is dirty.

3. 그녀는 병원에서 일한다.

    She works at the _____.

4. 지난 겨울은 매우 추웠다.

    The _____ winter was very cold.

5. 빛이 없다.

    There is no _____.

6. 많은 동물들이 있다.

    There are _____ animals.

7. 그것은 사실이 아니다.

    That's not _____.

8. 어제 무슨 일 일어났어?

    What happened _____?

9. 우리는 같은 세상에서 산다.

    We live in the same _____.

10. 날씨가 어떻니?

    What's the _____ like?

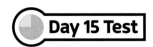

한글 단어 문제를 영어로 적으세요.   점수: _____

	문제	답
1	도시, 시	
2	옳은, 맞는, 오른쪽, 권리	
3	강한, 튼튼한	
4	지구, 흙, 땅	
5	가을, 넘어지다, 떨어지다	
6	가르치다	
7	기다리다, 기다림	
8	절반, 반	
9	병원	
10	날씨	
11	(수가) 많은	
12	서점	
13	모래	
14	수업, 반, 등급	
15	사실의, 진짜의	
16	마루, 층, 바닥	
17	지난, 마지막의	
18	세계, 세상	
19	빛, 가벼운	
20	어제	

♣ 테스트의 정답은 앞의 페이지의 단어를 참고하여 직접 채점해 보세요.

Day 11-15
word puzzle

● 아래에 나오는 단어 여섯 개를 최대한 빨리 찾아 보세요.

시간기록:

e	w	l	h	r	x	x	f	t	q	v	t	n
j	w	v	e	l	h	l	d	g	a	r	e	w
j	w	e	o	v	m	b	k	j	o	t	c	f
q	i	w	s	j	a	a	e	h	k	k	d	r
z	c	k	e	z	e	r	s	p	i	l	t	i
a	e	m	n	a	q	o	t	w	c	s	l	g
v	q	y	e	s	t	e	r	d	a	y	a	h
b	s	u	w	g	r	h	t	a	t	d	t	t
f	p	s	k	b	t	m	e	c	z	b	i	z
h	n	v	d	y	d	c	b	r	h	z	p	l
q	l	z	g	o	v	v	m	o	z	x	s	y
q	j	k	g	p	x	f	y	x	s	q	o	f
w	n	u	c	v	a	j	t	f	o	h	h	q

① 여행, 여행하다   ② 병원
③ 짧은   ④ 어제
⑤ 날씨   ⑥ 오른쪽, 바른, 권리

Day 16

직접 쓰면서 암기해보세요!

art 　　　　　　　　　　명 예술, 미술

I take the _____ class.
나는 미술 수업을 받는다.

bad 　　　　　　　　　　형 나쁜, 상한

This milk is _____.
이 우유는 상했다.

clean 　　　　　형 깨끗한 동 청소하다

I _____ my room.
나는 나의 방을 청소한다.

clothes 　　　　　　　　명 옷, 의상

The _____ are clean
그 옷들은 깨끗하다.

feel 　　　　　　　　　　동 느끼다

He _____s sad.
그는 슬프게 느낀다.

glass 　　　　　　　　　명 유리, 잔

The _____ is broken.
그 유리는 깨졌다.

great 　　　　[형] 굉장한, 훌륭한, 매우 좋은

She is a _____ teacher.
그녀는 훌륭한 선생님이다.

have 　　　　[동] 가지다

Do you _____ many friends?
너는 많은 친구들을 가지고 있니?

hit 　　　　[동] 때리다, 치다

_____ the ball.
그 공을 때려.

hole 　　　　[명] 구멍

My clothes have a large _____.
내 옷은 큰 구멍을 가지고 있다.

magic 　　　　[명] 마술, 마법

Do you believe _____?
너는 마법을 믿니?

make 　　　　[동] 만들다

You must _____ good friends.
너는 좋은 친구들을 만들어야 한다.

new 　　　　[형] 새로운

These clothes are _____.
이 옷들은 새거다.

newspaper　　　　　　명 신문

Do you read a _____?
너는 신문을 읽니?

often　　　　　　부 종종, 자주, 흔히

I _____ cook.
나는 종종 요리를 한다.

run　　　동 달리다, 경영하다, 운영하다

Don't _____ in the house.
집안에서 뛰지 마라.

same　　　　　형 같은 대명 똑같은 것

They are _____.
그들은 같다.

tomorrow　　　부 내일 명 내일, 미래

See you _____.
내일 보자

toy　　　　　명 장난감 동 놀리다

He has many _____s.
그는 많은 장난감을 가지고 있다.

twin　　　　　　　명 쌍둥이

Are you _____s?
너희들은 쌍둥이들이니?

Check up

다음 문장들을 해석에 맞게 빈칸을 채우세요.

1. 나는 종종 요리를 한다.

   I _____ cook.

2. 그들은 같다.

   They are _____.

3. 너희들은 쌍둥이들이니?

   Are you _____s?

4. 그는 많은 장난감을 가지고 있다.

   He has many _____s.

5. 내일 보자.

   See you _____.

6. 너는 많은 친구들을 가지고 있니?

   Do you _____ many friends?

7. 내 옷은 큰 구멍을 가지고 있다.

   My clothes have a large _____.

8. 그 옷들은 깨끗하다.

   The _____ are clean.

9. 나는 나의 방을 청소한다.

   I _____ my room.

10. 나는 미술 수업을 받는다.

    I take the _____ class.

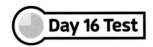

Day 16 Test

한글 단어 문제를 영어로 적으세요.　　　　점수: _____

	문제	답
1	마술, 마법	
2	예술, 미술	
3	새로운	
4	깨끗한, 청소하다	
5	종종, 흔히, 자주	
6	느끼다, 기분	
7	달리다, 경영하다	
8	유리, 잔	
9	가지다	
10	내일	
11	장난감, 놀리다	
12	때리다, 치다	
13	쌍둥이	
14	구멍	
15	나쁜, 상한	
16	만들다	
17	신문	
18	옷, 의상	
19	같은	
20	굉장한, 훌륭한	

♣ 테스트의 정답은 앞의 페이지의 단어를 참고하여 직접 채점해 보세요.

직접 쓰면서 암기해보세요 !

daughter 명 딸

She is a good _____.
그녀는 좋은 딸이다.

east 명 동쪽, 동부

A man came from the _____.
그 남자는 동쪽에서 왔다.

half 명 반, 절반

A _____ of the money is mine.
그 돈의 절반은 나의 것이다.

join 동 가입하다, 참여하다, 합치다

_____ me.
나랑 함께하자.

late 형 늦은 부 늦게

She came _____ last night.
그녀는 어젯밤 늦게 왔다.

learn 동 배우다

What did you _____ today?
너는 오늘 무엇을 배웠니?

line   몡 줄, 선

Don't cut in _____.
줄에 끼어들지 마라.

many   한 많은

I read _____ books.
나는 많은 책을 읽는다.

mask   몡 가면 동 가리다

He wears many _____s.
그는 많은 가면을 쓴다.

north   몡 북쪽

The _____ land is cold.
북쪽 땅은 춥다.

tall   형 키가 큰

She is _____.
그녀는 키가 크다.

tea   몡 차

This _____ is cold.
이 차는 차갑다.

touch   동 만지다, 접촉하다, 감동시키다

Don't _____ me.
날 건드리지 마.

turn 동 바꾸다, 돌리다, 전환하다

Her face _____ed red.
그녀의 얼굴은 붉게 변했다

use 동 사용하다, 이용하다

Don't _____ this app.
이 앱을 사용하지 마.

want 동 원하다

What do you _____?
너는 무엇을 원하니?

wash 동 씻다, 세탁하다

I _____ the dish.
나는 설거지를 한다.

wrong 형 틀린, 잘못된

The answer is _____.
그 답은 틀리다.

weather 명 날씨

How is the _____?
날씨는 어떻니?

yesterday 명 어제, 과거 부 어제

_____ is history.
어제는 역사이다.

Check up

다음 문장들을 해석에 맞게 빈칸을 채우세요.

1. 그 답은 틀리다.

   The answer is _____.

2. 나는 설거지를 한다.

   I _____ the dish.

3. 너는 무엇을 원하니?

   What do you _____?

4. 그는 많은 가면을 쓴다.

   He wears many _____s.

5. 이 차는 차갑다.

   This _____ is cold.

6. 그녀의 얼굴은 붉게 변했다.

   Her face _____ed red.

7. 이 앱을 사용하지 마.

   Don't _____ this app.

8. 그녀는 키가 크다.

   She is _____.

9. 날 건드리지 마.

   Don't _____ me.

10. 줄에 끼어들지 마라.

    Don't cut in _____.

빽빽이 초중등 필수 영단어 1

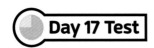

Day 17 Test

한글 단어 문제를 영어로 적으세요.　　　점수: _____

	문제	답
1	차	
2	동쪽, 동부	
3	가입하다, 참여하다	
4	바꾸다, 돌리다	
5	딸	
6	키가 큰	
7	배우다	
8	원하다	
9	씻다, 세탁하다	
10	줄, 선	
11	날씨	
12	(수) 많은	
13	틀린, 잘못된	
14	가면, 가리다	
15	어제	
16	북쪽	
17	반, 절반	
18	만지다, 접촉하다	
19	늦은, 늦게	
20	사용하다, 이용하다	

♣ 테스트의 정답은 앞의 페이지의 단어를 참고하여 직접 채점해 보세요.

직접 쓰면서 암기해보세요 !

clean 〔형〕깨끗한 〔동〕청소하다

I don't have _____ clothes.
나는 깨끗한 옷들이 없다.

clothes 〔명〕옷

Did you wash dirty _____?
너는 더러운 옷들을 씻었니?

city 〔명〕도시, 시

Busan is a beautiful _____.
부산은 아름다운 도시이다.

come 〔동〕오다

When did you _____ here?
넌 언제 여기에 왔니?

course 〔명〕과정, 강의, 수업

I take 3 online _____s.
나는 세 개의 온라인 코스들을 듣는다.

enjoy 〔동〕즐기다

_____ yourself.
맘껏 즐겨라.

hospital 명 병원

Where is the _____ near here?
여기에 근처 어디에 병원이 있니?

husband 명 남편

Where is your _____?
너의 남편은 어디 있니?

idea 명 생각, 아이디어

We need a new _____.
우리는 새로운 아이디어가 필요해.

island 명 섬

This is a very small _____.
이곳은 매우 작은 섬이다.

last 한 마지막의, 지난 부 마지막으로

What is your _____ name?
너의 마지막 이름(성)은 뭐니?

magic 명 마법, 마술

I know some _____ tricks.
나는 몇몇 마술 트릭을 안다.

sand 명 모래

I built a _____ caslte.
나는 모래성을 지었다.

sea
명 바다

Let's go to the _____.
바다로 가자.

space
명 공간, 우주

We need a large _____.
우리는 큰 공간이 필요하다.

strange
형 이상한, 낯선

He is _____.
그는 이상하다.

swim
동 수영하다, 헤엄하다

I like to _____.
나는 수영하기를 좋아한다.

toy
명 장난감 **동** 가지고 놀다

We make good _____s.
우리는 좋은 장난감들을 만든다.

true
형 사실, 진짜의

This is a _____ story.
이것은 진짜 이야기다.

world
명 세계, 세상

The _____ changes fast.
세계는 빨리 변한다.

Check up

다음 문장들을 해석에 맞게 빈칸을 채우세요.

1. 부산은 아름다운 도시이다.

   Busan is a beautiful _____.

2. 나는 세 개의 온라인 코스들을 듣는다.

   I take 3 online _____s.

3. 너의 마지막 이름(성)은 뭐니?

   What is your _____ name?

4. 나는 몇몇 마술 트릭을 안다.

   I know some _____ tricks.

5. 그는 이상하다.

   He is _____.

6. 이것은 진짜 이야기다.

   This is a _____ story.

7. 나는 수영하기를 좋아한다.

   I like to _____.

8. 우리는 큰 공간이 필요하다.

   We need a large _____.

9. 바다로 가자.

   Let's go to the _____.

10. 너의 남편은 어디 있니?

    Where is your _____?

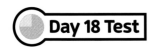

Day 18 Test

한글 단어 문제를 영어로 적으세요.　　　점수: _____

	문제	답
1	마법, 마술	
2	옷	
3	도시	
4	모래	
5	과정, 강의, 수업	
6	공간, 우주	
7	즐기다	
8	이상한, 낯선	
9	장난감, 가지고 놀다	
10	남편	
11	세계, 세상	
12	섬	
13	생각, 아이디어	
14	사실, 진짜의	
15	수영하다, 헤엄치다.	
16	병원	
17	마지막의, 최후의, 지난	
18	깨끗한, 청소하다	
19	바다	
20	오다	

♣ 테스트의 정답은 앞의 페이지의 단어를 참고하여 직접 채점해 보세요.

Day 19

직접 쓰면서 암기해보세요 !

child 　　　　　　명 아이

She is just a _____.
그녀는 겨우 아이다.

daughter 　　　　　　명 딸

She is not my _____.
그녀는 내 딸이 아니다.

drive 　　　　명 운전 동 운전하다

Can you _____ a bus?
너는 버스를 운전할 수 있니?

free 　　　　　　형 자유의, 무료의

Nothing is _____.
무료인 것은 없다.

field 　　　　명 들판, 현장, 분야

The _____ is full of flowers.
들판은 꽃들로 차 있다.

floor 　　　　　　명 마루, 층

I live on the second _____.
나는 2층에 산다.

Day 19   103

gate   명 문, 입구

The palace has a big _____.
그 성은 큰 문을 가지고 있다.

hole   명 구멍

Where is the _____?
구멍이 어디 있니?

library   명 도서관

Be quiet in the _____.
도서관에서 조용히 해라.

newspaper   명 신문

the _____ is old.
그 신문은 오래되었다.

often   부 종종, 자주

I _____ go shopping.
나는 종종 쇼핑을 간다.

same   형 같은

We are in the _____ class.
우리는 같은 반이다.

speak   동 말하다, 이야기하다

Don't _____.
말하지 마라.

south 〔명〕 남쪽, 남부

The _____ city is warm.
남쪽 도시는 따뜻하다.

stair 〔명〕 계단

How many _____s are there?
얼마나 많은 계단들이 있니?

stupid 〔형〕 바보같은, 어리석은, 멍청한

My husband is _____.
나의 남편은 바보다.

tomorrow 〔명〕〔부〕 내일

_____ will be better.
내일은 더 나을 것이다.

wash 〔동〕 씻다

_____ your hands.
너의 손을 씻어라.

win 〔동〕 이기다, 승리하다

They can _____ the match.
그들은 경기에서 이길 수 있다.

wrong 〔형〕 잘못된, 틀린

What's _____?
뭐가 잘못되었니?

다음 문장들을 해석에 맞게 빈칸을 채우세요.

1. 그녀는 내 딸이 아니다.

   She is not my _____.

2. 들판은 꽃들로 차 있다.

   The _____ is full of flowers.

3. 도서관에서 조용히 해라.

   Be quiet in the _____.

4. 우리는 같은 반이다.

   We are in the _____ class.

5. 말하지 마라.

   Don't _____.

6. 나는 종종 쇼핑을 간다.

   I _____ go shopping.

7. 얼마나 많은 계단들이 있니?

   How many _____s are there?

8. 내일은 더 나을 것이다.

   _____ will be better.

9. 나의 남편은 바보다.

   My husband is _____.

10. 그들은 경기에서 이길 수 있다.

    They can _____ the match.

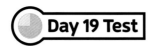

한글 단어 문제를 영어로 적으세요.　　　　점수: _____

문제	답
1　종종, 자주	
2　아이	
3　운전하다, 운전	
4　말하다, 이야기하다	
5　남쪽, 남부	
6　자유의, 무료의	
7　같은	
8　딸	
9　마루, 층	
10　바보같은, 어리석은	
11　신문	
12　잘못된, 틀린	
13　도서관	
14　이기다, 승리하다	
15　들판, 현장, 분야	
16　계단	
17　내일	
18　문, 입구	
19　씻다	
20　구멍	

♣ 테스트의 정답은 앞의 페이지의 단어를 참고하여 직접 채점해 보세요.

직접 쓰면서 암기해보세요 !

again　　　　　　　뷔 다시, 또, 한 번 더

I'll try _____.
나는 다시 시도할 것이다.

art　　　　　　　명 예술, 미술

She teaches _____s.
그녀는 미술을 가르친다.

country　　　　　　　명 국가, 시골

We live in the quiet _____.
우리는 조용한 시골에서 산다.

enjoy　　　　　　　동 즐기다

I _____ cooking.
나는 요리하는 것을 즐긴다.

fight　　　　　　　명 싸움 동 싸우다

Did you _____ again?
너는 다시 싸웠니?

husband　　　　　　　명 남편

Is your _____ tall?
너의 남편은 키가 크니?

idea 　　　　　**명** 생각, 아이디어

All _____s are good.
모든 아이디어들이 좋다.

join 　　　　　**명** 참여하다, 가입하다

I will _____ the art club.
나는 미술 클럽에 가입할 것이다.

kick 　　　　　**명** 차다

Don't _____ people.
사람들을 차지 마.

late 　　　　　**형** 늦은 **부** 늦게

Do you go to bed _____?
너는 늦게 자러 가니?

much 　　　　　**한** (양) 많은

I drink _____ water.
나는 많은 물을 마신다.

river 　　　　　**명** 강

The _____ is long.
그 강은 길다.

seat 　　　　　**명** 좌석, 자리

Is this _____ taken?
이 자리는 주인이 있나요?

study 명 연구 동 공부하다, 연구하다

We _____ together.
우리는 함께 공부한다.

swim 동 수영하다

I want to learn how to _____.
나는 수영하는 법을 배우기를 원한다.

tall 형 키가 큰

Trees are _____.
나무들은 키가 크다.

think 동 생각하다

I _____ so.
나는 그렇게 생각한다.

together 부 함께

They grew up _____.
그들은 함께 자랐다.

touch 동 만지다, 접촉하다, 감동시키다

Don't _____ paintings.
그림들을 만지지 마라.

use 명 사용 동 사용하다

Can I _____ your phone?
내가 너의 전화기를 사용할 수 있을까?

Check up

다음 문장들을 해석에 맞게 빈칸을 채우세요.

1. 너는 다시 싸웠니?

    Did you _____ again?

2. 나는 미술 클럽에 가입할 것이다.

    I will _____ the art club.

3. 너는 늦게 자러가니?

    Do you go to bed _____?

4. 나는 많은 물을 마신다.

    I drink _____ water.

5. 이 자리는 주인이 있나요?

    Is this _____ taken?

6. 그 강은 길다.

    The _____ is long.

7. 그들은 함께 자랐다.

    They grew up _____.

8. 나는 그렇게 생각한다.

    I _____ so.

9. 모든 아이디어들이 좋다.

    All _____s are good.

10. 우리는 조용한 시골에서 산다.

    We live in the quiet _____.

Day 20 Test

한글 단어 문제를 영어로 적으세요.

점수: _____

	문제	답
1	(양) 많은	
2	다시, 또, 한 번 더	
3	국가, 시골	
4	좌석, 자리	
5	싸우다, 싸움	
6	수영하다	
7	생각하다	
8	생각, 아이디어	
9	함께	
10	참여하다, 가입하다	
11	늦은, 늦게	
12	사용하다, 사용	
13	만지다, 접촉하다	
14	차다	
15	키가 큰	
16	남편	
17	즐기다	
18	공부하다, 연구하다, 연구	
19	강	
20	예술, 미술	

♣ 테스트의 정답은 앞의 페이지의 단어를 참고하여 직접 채점해 보세요.

빽빽이 초중등 필수 영단어 1

Day 16~20
word puzzle

● 아래에 나오는 단어 여섯 개를 최대한 빨리 찾아 보세요.

시간기록:

z	d	u	i	e	h	r	f	e	c	t	k	m
t	o	t	e	e	o	e	e	i	h	v	b	g
n	o	r	y	d	k	v	g	n	k	h	x	v
i	v	g	z	r	l	i	r	q	x	y	c	t
t	m	z	e	t	t	r	n	p	t	d	t	x
a	m	a	i	t	s	n	s	n	n	z	o	t
f	u	w	i	l	h	a	u	a	h	n	u	i
w	r	r	w	i	p	e	b	o	e	u	c	x
o	r	n	l	a	b	s	r	f	c	v	h	f
s	w	q	s	e	u	x	m	o	g	h	z	n
n	z	p	q	h	a	e	u	n	w	s	o	f
u	o	z	a	n	f	w	f	r	g	s	u	y
t	o	m	o	r	r	o	w	j	s	c	q	y

①　국가, 시골　　　　　②　강
③　남편　　　　　　　　④　내일
⑤　함께　　　　　　　　⑥　만지다, 접촉하다

직접 쓰면서 암기해보세요 !

course
명 과정, 수업, 코스

This is a difficult _____.
이것은 어려운 코스이다.

daughter
명 딸

I want to have a _____.
나는 딸을 가지기를 원한다.

dictionary
명 사전

Do you have a _____?
너는 사전을 가지고 있니?

earth
명 지구, 땅

The _____ is blue.
지구는 푸르다.

feel
동 느끼다

I _____ nothing.
나는 아무것도 느끼지 않는다.

field
명 들판, 지역, 분야

This is a new _____.
이것은 새로운 분야다.

great   형 굉장한, 매우 좋은

I am _____.
나는 굉장히 좋아.

hospital   명 병원

He is in the _____.
그는 병원에 있다.

island   명 섬

This is no man _____.
이곳은 무인도이다.

library   명 도서관

Meet me at the _____.
도서관에서 만나자.

real   형 진짜, 실제로, 현실인

Is this _____?
이거 진짜야?

sea   명 바다

The _____ is clean.
바다는 깨끗하다.

sight   명 시야, 시력, 보기

I have a bad _____.
나는 시력이 나빠요.

space 　　　　　　　명 공간, 우주, 장소

The _____ is dark.
우주는 어렵다.

true 　　　　　　　형 사실, 진짜의, 진정한

This can't be _____.
이것은 사실일 리가 없다.

turn 　　　　　　　동 돌리다, 바꾸다

_____ around slowly.
천천히 돌아서.

weak 　　　　　　　형 약한

She has a _____ mind.
그녀는 약한 마음을 가지고 있다.

weather 　　　　　　　명 날씨

The _____ is bad.
날씨가 나쁘다.

wrong 　　　　　　　형 틀린, 잘못된

Nothing can go _____.
아무것도 잘못 될 수 없다.

yesterday 　　　　　　　명 부 어제

What did you do _____?
너 어제 뭐했니

Check up

다음 문장들을 해석에 맞게 빈칸을 채우세요.

1. 그는 병원에 있다.

   He is in the _____.

2. 이곳은 무인도이다.

   This is no man _____.

3. 이것은 새로운 분야다.

   This is a new _____.

4. 그녀는 약한 마음을 가지고 있다.

   She has a _____ mind.

5. 천천히 돌아서.

   _____ around slowly.

6. 너 어제 뭐했니?

   What did you do _____?

7. 나는 아무것도 느끼지 않는다.

   I _____ nothing.

8. 나는 딸을 가지기를 원한다.

   I want to have a _____.

9. 이것은 어려운 코스이다.

   This is a difficult _____.

10. 지구는 푸르다.

    The _____ is blue.

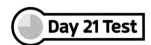

Day 21 Test

한글 단어 문제를 영어로 적으세요.   점수: _____

	문제	답
1	바다	
2	딸	
3	과정, 수업, 코스	
4	진짜, 실제의, 현실인	
5	돌리다, 바뀌다	
6	들판, 지역, 분야	
7	날씨	
8	병원	
9	사실, 진짜의, 진정한	
10	느끼다	
11	약한	
12	굉장한, 매우 좋은	
13	틀린, 잘못된	
14	섬	
15	도서관	
16	어제	
17	시야, 시력, 보기	
18	사전	
19	지구, 땅	
20	공간, 우주, 장소	

♣ 테스트의 정답은 앞의 페이지의 단어를 참고하여 직접 채점해 보세요.

직접 쓰면서 암기해보세요 !

child 　　　　　　　　　명 아이

The _____ is cute.
그 아이는 귀엽다

drive 　　　명 운전 　동 운전하다

He _____s a taxi.
그는 택시를 운전한다.

family 　　　　　　　　명 가족

He has a big _____.
그는 큰 가족을 가지고 있다.

fast 　　　　형 빠른 　부 빠르게

He is very _____.
그는 매우 빠르다.

food 　　　　　　　　　　명 음식

We don't have enough _____.
우리는 충분한 음식이 없다.

holiday 　　　　　　　　명 휴일

We have a long _____.
우리는 긴 휴일을 가지고 있다.

key
명 열쇠

Where is the _____?
열쇠가 어디 있지?

mirror
명 거울

The _____ is dirty.
거울은 더럽다.

moon
명 달

The _____ is bright.
달이 밝다.

other
형 다른 **명** 다른 사람

I met _____s.
나는 다른 사람들을 만났다.

south
명 남쪽, 남부

He left _____.
그는 남쪽으로 떠났다.

strange
형 이상한, 낯선

They arrived at a _____ place.
그들은 낯선 곳에 도착했다.

stupid
형 바보같은, 멍청한, 어리석은

Don't be _____.
바보같이 굴지 마.

tomorrow 명 부 내일

_____ will be different.
내일은 다를 것이다.

touch 동 만지다, 접촉하다, 감동시키다

I am _____ed.
나는 감동받았다.

want 동 원하다

What do you _____?
너는 무엇을 원하니?

wide 형 넓은, 다양한

This river is _____.
이 강은 넓다.

win 동 이기다, 승리하다

We can _____.
우리는 이길 수 있다.

word 명 단어, 말, 언어

I lost for _____s.
나는 할말을 잃었다.

world 명 세계, 세상

We live in the strange _____.
우리는 이상한 세상에 산다.

Check up

다음 문장들을 해석에 맞게 빈칸을 채우세요.

1. 그는 매우 빠르다.

   He is very _____.

2. 열쇠가 어디 있지?

   Where is the _____?

3. 거울은 더럽다.

   The _____ is dirty.

4. 나는 다른사람들을 만났다.

   I met _____s.

5. 나는 감동받았다.

   I am _____ed.

6. 이 강은 넓다.

   This river is _____.

7. 나는 할말을 잃었다.

   I lost for _____s.

8. 우리는 이상한 세상에 산다.

   We live in the strange _____.

9. 우리는 긴 휴일을 가지고 있다.

   We have a long _____.

10. 그는 택시를 운전한다.

    He _____s a taxi.

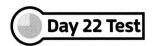

Day 22 Test

한글 단어 문제를 영어로 적으세요.　　　　점수: _____

	문제	답
1	이상한, 낯선	
2	운전하다	
3	내일	
4	빠른	
5	다른, 다른 사람	
6	세계, 세상	
7	달	
8	단어, 말, 언어	
9	열쇠	
10	넓은, 다양한	
11	이기다, 승리하다	
12	거울	
13	휴일	
14	원하다	
15	음식	
16	만지다, 접촉하다	
17	가족	
18	바보같은, 멍청한	
19	남쪽, 남부	
20	아이	

♣ 테스트의 정답은 앞의 페이지의 단어를 참고하여 직접 채점해 보세요.

Day 23

act 〖동〗 행동하다, 연기하다 〖명〗 행동, 행위

It's all an _____.
그것은 모두 연기야.

big 〖형〗 큰

He is _____.
그는 크다.

call 〖동〗 부르다, 전화하다, 말하다

Don't _____ me.
나에게 전화하지 마, 날 부르지 마.

classroom 〖명〗 교실

My _____ is clean.
내 교실은 깨끗하다.

come 〖동〗 오다

Who will _____?
누가 올 거니?

country 〖명〗 나라, 국가, 시골

What _____ do you want to live in?
너 어느 국가에 살고 싶니?

cry
동 울다, 외치다

Don't _____.
울지마.

expensive
형 비싼

This is _____.
이것은 비싸다.

fight
동 싸우다 명 싸움

The _____ is ugly.
그 싸움은 흉하다.

gate
명 정문, 문

Where is the _____?
정문은 어디니?

hot
형 뜨거운, 더운, 매운

The summer is _____.
여름은 뜨겁다.

much
형 부 많은

She makes _____ money.
그녀는 많은 돈을 만든다.

old
형 오래된, 늙은, 나이 많은

My house is _____.
내 집은 오래되었다.

seat　　　　　　　　圐 좌석, 자리

This _____ is empty.
이 자리는 비어있다.

sing　　　　　　　　됨 노래하다

Birds _____.
새들은 노래한다.

speak　　　　　　　됨 말하다

Do you _____ English?
너는 영어를 말하니?

stair　　　　　　　　圐 계단

The _____s are slippery.
그 계단은 미끄럽다.

station　　　　　　　圐 역, 정거장

Where is the bus _____?
버스 정거장이 어디 있죠?

think　　　　　　　　圐 생각하다

_____ twice.
두 번 생각해.

together　　　　　　넌 함께, 같이, 서로

Let's go _____.
함께 가자.

Check up

다음 문장들을 해석에 맞게 빈칸을 채우세요.

1. 내 교실은 깨끗하다.

   My _____ is clean.

2. 누가 올거니?

   Who will _____?

3. 정문은 어디니?

   Where is the _____?

4. 이것은 비싸다.

   This is _____.

5. 버스 정거장이 어디있죠?

   Where is the bus _____?

6. 너는 영어를 말하니?

   Do you _____ English?

7. 새들은 노래한다.

   Birds _____.

8. 내 집은 오래되었다.

   My house is _____.

9. 여름은 뜨겁다.

   The summer is _____.

10. 울지마.

    Don't _____.

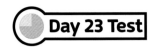

Day 23 Test

한글 단어 문제를 영어로 적으세요.　　　　　점수: _____

	문제	답
1	뜨거운, 더운	
2	행동하다, 연기하다	
3	부리다, 전화하다	
4	오래된, 나이 많은, 늙은	
5	좌석, 자리	
6	교실	
7	말하다	
8	나라, 국가, 시골	
9	울다, 외치다	
10	계단	
11	역, 정거장	
12	비싼	
13	생각하다	
14	싸우다, 싸움	
15	함께, 같이, 서로	
16	정문, 문	
17	큰	
18	(양) 많은	
19	오다	
20	노래하다	

♣ 테스트의 정답은 앞의 페이지의 단어를 참고하여 직접 채점해 보세요.

Day 24

직접 쓰면서 암기해보세요!

again 　　　　　 ᶠᵘⁿ 다시, 또

He did it _____.
그는 그것을 다시 했다.

---

field 　　　　　 ᵐᵉᵒⁿᵍ 들판, 현장, 분야

a _____ trip
현장 학습

---

fine 　　　　 ʰʸᵉᵒⁿᵍ 좋은, 미세한 ᵐᵉᵒⁿᵍ 벌금

I am _____.
나는 좋다.

---

hero 　　　　　 ᵐᵉᵒⁿᵍ 영웅, 주인공

He is a _____.
그가 주인공이다.

---

holiday 　　　　　 ᵐᵉᵒⁿᵍ 휴일, 공휴일

We don't have any _____s.
우리는 휴일이 없다.

---

library 　　　　　 ᵐᵉᵒⁿᵍ 도서관

You can find the book in the _____.
너는 그 책을 도서관에서 찾을 수 있다.

lunch 　　　　　　　　　　**명** 점심

Let's have _____ together.
점심 같이 먹자.

mirror 　　　　　　　　　　**명** 거울

That _____ is broken.
그 거울은 깨졌다.

moon 　　　　　　　　　　**명** 달

There is no _____.
달이 없다.

ready 　　　　　　　　　　**형** 준비된

Are you _____?
너는 준비되었니?

rich 　　　　**형** 부유한, 부자인, 풍부한

They are _____.
그들은 부자다.

sell 　　　　　　　　　　**동** 팔다

What do you _____?
너는 무엇을 파니?

spring 　　**명** 봄, 샘, 스프링 **동** 뛰다

_____ is warm.
봄은 따뜻하다.

storm　　　　　　명 폭풍

A _____ is coming.
폭풍이 오고 있다.

strange　　　　　형 이상한, 기이한

The guest is _____.
손님은 이상하다.

study　　　통 공부하다, 연구하다 명 연구

What are you _____ing?
너는 무엇을 공부하는 중이니?

table　　　　　　명 탁자, 식탁

The _____ is old.
그 탁자는 오래되었다.

west　　　　　　명 서쪽, 서부

The sun sets in the _____.
해는 서쪽에서 진다.

word　　　　　　명 단어, 말

Can you give us a few _____s?
우리에게 몇 마디 해 줄 수 있니?

wide　　　　형 넓은, 다양한, 광범위한

The world is _____.
세상은 넓다.

Check up

다음 문장들을 해석에 맞게 빈칸을 채우세요.

1. 나는 좋다.

   I am _____.

2. 그가 주인공이다.

   He is a _____.

3. 점심 같이 먹자.

   Let's have _____ together.

4. 너는 준비되었니?

   Are you _____?

5. 봄은 따뜻하다.

   _____ is warm.

6. 너는 무엇을 파니?

   What do you _____?

7. 해는 서쪽에서 진다.

   The sun sets in the _____.

8. 너는 무엇을 공부하는 중이니?

   What are you _____ing?

9. 그들은 부자다.

   They are _____.

10. 달이 없다.

    There is no _____.

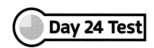 **Day 24 Test**

한글 단어 문제를 영어로 적으세요.   점수: _____

	문제	답
1	넓은, 다양한, 광범위한	
2	준비된, 미리	
3	서쪽, 서부	
4	거울	
5	단어, 말	
6	달	
7	영웅, 주인공	
8	폭풍	
9	휴일, 공휴일	
10	이상한, 기이한	
11	도서관	
12	공부하다, 연구하다, 연구	
13	다시, 또	
14	부유한, 부자인, 풍부한	
15	팔다	
16	들판, 현장, 분야	
17	봄, 샘, 스프링, 뛰다	
18	좋은, 미세한, 벌금	
19	점심	
20	탁자, 식탁	

♣ 테스트의 정답은 앞의 페이지의 단어를 참고하여 직접 채점해 보세요.

Day 25

직접 쓰면서 암기해보세요 !

bathroom
명 욕실, 화장실

Where is the _____?
화장실이 어디 있니?

brush
명 붓 동 닦다, 빗다

_____ your teeth.
너의 이를 닦아라.

family
명 가족

They are a happy _____.
그들은 행복한 가족이다.

fast
형 빠른 부 빨리 동 단식하다

Move _____.
빨리 움직여.

food
명 음식

The _____ is delicious.
그 음식은 맛있다.

island
명 섬

The _____ is beautiful.
그 섬은 아름답다.

key　　　　　몡 열쇠, 핵심 혱 중요한

I lost my _____.
나는 내 열쇠를 잃었다.

kick　　　　　동 차다

Don't _____ the front seat.
앞 좌석을 차지 마라.

listen　　　　동 듣다, 청취하다

I don't _____ to music.
나는 음악을 듣지 않는다.

mountain　　　　　몡 산

There are many _____s.
많은 산들이 있다.

night　　　　　몡 밤, 저녁, 야간

The _____ is dangerous.
밤은 위험하다.

peace　　　　　몡 평화

People want _____.
사람들은 평화를 원한다.

rainbow　　　　몡 무지개

Look at the _____.
무지개를 봐.

river   명 강, 하천

Don't swim in the _____.
강에서 수영하지 마.

shoe   명 신발, 구두

The _____s are white.
그 신발은 하얗다.

space   명 우주, 공간, 장소

We need a new _____.
우리는 새로운 장소가 필요해.

story   명 이야기, 소설, 층

The _____ is not true.
그 이야기는 사실이 아니다.

swim   동 수영하다

I go to _____.
나는 수영하러 간다.

talk   명 얘기 동 말하다, 이야기하다

We need a _____.
우리는 얘기가 필요하다.

think   동 생각하다

Don't _____ too much.
너무 생각하지 마.

Check up

다음 문장들을 해석에 맞게 빈칸을 채우세요.

1. 많은 산들이 있다.

   There are many _____s.

2. 나는 음악을 듣지 않는다.

   I don't _____ to music.

3. 밤은 위험하다.

   The _____ is dangerous.

4. 사람들은 평화를 원한다.

   People want _____.

5. 무지개를 봐.

   Look at the _____.

6. 우리는 얘기가 필요하다.

   We need a _____.

7. 우리는 새로운 장소가 필요해.

   We need a new _____.

8. 그 신발은 하얗다.

   The _____s are white.

9. 화장실이 어디 있니?

   Where is the _____?

10. 너의 이를 닦아라.

   _____ your teeth.

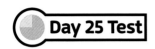

Day 25 Test

한글 단어 문제를 영어로 적으세요.

점수: _____

	문제	답
1	무지개	
2	가족	
3	강, 하천	
4	빠른, 빨리, 단식하다	
5	신발, 구두	
6	음식	
7	섬	
8	우주, 공간, 장소	
9	욕실, 화장실	
10	밤, 저녁, 야간	
11	평화	
12	닦다, 빗다, 붓	
13	열쇠, 핵심, 중요한	
14	이야기, 소설, 층	
15	차다	
16	수영하다	
17	생각하다	
18	산	
19	듣다, 성취하다	
20	말하다, 이야기하다, 얘기	

♣ 테스트의 정답은 앞의 페이지의 단어를 참고하여 직접 채점해 보세요.

빽빽이 초중등 필수 영단어 1

Day 21~25
word puzzle

● 아래에 나오는 단어 여섯 개를 최대한 빨리 찾아 보세요.

시간기록:

g	o	u	c	t	h	g	c	i	p	t	s	r
l	a	g	r	j	o	g	p	o	x	v	m	v
a	i	p	v	g	e	k	b	t	z	m	w	d
k	f	e	b	q	n	g	d	e	k	l	z	p
w	d	x	g	i	g	e	x	y	o	i	f	k
x	v	u	h	l	d	p	g	o	y	r	g	e
e	f	t	e	z	e	x	u	n	r	u	y	u
o	q	x	n	n	g	y	s	k	a	p	f	e
a	i	s	s	t	t	y	e	u	r	r	g	p
e	r	i	o	i	z	r	b	i	b	r	t	q
y	v	p	z	h	w	o	b	n	i	a	r	s
e	h	o	l	i	d	a	y	o	l	t	s	p
n	g	q	c	v	q	j	x	m	x	f	f	x

①　비싼　　　　　　　　②　무지개
③　이상한　　　　　　　④　도서관
⑤　생각하다　　　　　　⑥　휴일

직접 쓰면서 암기해보세요 !

again 　　　　　　부 다시, 또

Come _____.
다시 와.

classroom 　　　　　　명 교실, 학급

The _____ is quiet.
교실은 조용하다.

country 　　　　　　명 국가, 나라, 시골

My _____ is beautiful.
내 국가는 아름답다.

cry 　　　　　　동 울다, 외치다

Did you _____ again?
너 또 울었니?

expensive 　　　　　　형 비싼

Everything is _____.
모든 게 비싸다.

handsome 　　　　　　형 잘생긴

Your dog is _____.
너의 개는 잘생겼다.

hero   명 영웅, 주인공

The _____ died.
영웅은 죽었다.

hill   명 언덕, 비탈

The _____ is high.
그 언덕은 높다.

hope   명 희망 동 희망하다, 바라다

I _____ to play with you.
나는 너와 놀기를 희망한다.

minute   명 분, 잠깐, 순간

Wait for a _____.
1분만 기다려.

old   형 나이 많은, 늙은, 오래된

He is not _____.
그는 나이가 많지 않아.

place   명 장소, 곳 동 놓다, 두다

What is this _____?
이곳은 뭐야?

sell   동 팔다

He _____s books.
그는 책을 판다.

summer 圐 여름

Do you like _____?
너는 여름을 좋아하니?

thunder 圐 천둥 图 천둥치다

It rained with _____.
천둥과 함께 비가 왔다.

trip 圐 여행 图 넘어지다

Have a nice _____!
좋은 여행 되어라.

vase 圐 꽃병

The _____ is old.
그 꽃병은 오래되었다.

west 圐 서쪽, 서부

Which way is the _____?
어느쪽이 서쪽이니?

wide 圐 넓은, 다양한

I will take a _____ road.
나는 넓은 길을 탈 것이다.

year 圐 연도, 해, 연령

What _____ is this?
올해는 몇 년이니?

Check up

다음 문장들을 해석에 맞게 빈칸을 채우세요.

1. 내 국가는 아름답다.

   My _____ is beautiful.

2. 너의 개는 잘생겼다.

   Your dog is _____.

3. 나는 너와 놀기를 희망한다.

   I _____ to play with you.

4. 이곳은 뭐야?

   What is this _____?

5. 천둥과 함께 비가 왔다.

   It rained with _____.

6. 좋은 여행 되어라.

   Have a nice _____!

7. 올해는 몇 년이니?

   What _____ is this?

8. 그 언덕은 높다.

   The _____ is high.

9. 영웅은 죽었다.

   The _____ died.

10. 다시 와.

    Come _____.

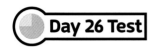

한글 단어 문제를 영어로 적으세요.　　　　　점수: _____

	문제	답
1	여름	
2	울다, 외치다	
3	꽃병	
4	영웅, 주인공	
5	언덕, 비탈	
6	서쪽, 서부	
7	넓은, 다양한	
8	희망하다, 바라다, 희망	
9	연도, 연, 해	
10	분, 잠깐, 순간	
11	다시, 또	
12	나이 많은, 오래된, 늙은	
13	교실, 학급	
14	장소, 곳, 두다, 놓다	
15	팔다	
16	나라, 국가, 시골	
17	비싼	
18	천둥, 천둥치다	
19	잘생긴	
20	여행, 넘어지다	

♣ 테스트의 정답은 앞의 페이지의 단어를 참고하여 직접 채점해 보세요.

직접 쓰면서 암기해보세요 !

act 명 행동, 행위 동 행동하다, 연기하다

She _____s like a baby.
그녀는 아기처럼 행동한다.

call 동 부르다, 말하다, 전화하다

People _____ me Sam.
사람들은 나를 샘이라고 부른다.

cheap 형 싼, 저렴한, 인색한

Vegetables are _____.
채소들이 싸다.

dinner 명 저녁 식사

The _____ is on me.
저녁 식사는 내가 낸다.

kid 명 아이, 어린이

He is not my _____.
그는 내 아이가 아니다.

listen 동 듣다

_____ to me.
내 말을 들어.

lunch

명 점심 식사

I didn't eat _____.
나는 점심을 먹지 않았다.

map

명 지도

Can you read a _____?
너는 지도를 볼 수 있니?

mountain

명 산

They live in the _____.
그들은 산속에 산다.

part

명 부분, 일부, 지역

I finished my _____.
나는 내 부분은 끝냈다.

peace

명 평화

No war, Yes _____.
전쟁 반대, 평화 찬성

question

명 질문, 의문 **동** 묻다

Can I ask a _____?
제가 질문해도 될까요?

ready

형 준비된, 미리

I am _____ to go.
나는 갈 준비가 되어있다.

shop　　　　명 가게 동 쇼핑하다

She has 3 _____s.
그녀는 세 개의 가게를 가지고 있다.

spring　　　　명 봄, 샘, 스프링 동 뛰다

The _____ water is very fresh.
그 샘물은 매우 신선하다.

station　　　　명 역, 정거장

The _____ is closed.
그 역은 닫혔다.

table　　　　명 탁자, 식탁

The _____ has 3 legs.
그 탁자는 세 개의 다리를 가지고 있다.

tell　　　　명 말하다, 이야기하다

_____ me the truth.
사실을 말해 줘.

vacation　　　　명 방학, 휴가

The summer _____ is long.
여름 휴가는 길다.

wild　　　　형 야생의, 거친

The kid is _____.
그 아이는 거칠다.

Check up

다음 문장들을 해석에 맞게 빈칸을 채우세요.

1. 사람들은 나를 샘이라고 부른다.

   People _____ me Sam.

2. 제가 질문해도 될까요?

   Can I ask a _____?

3. 그 샘물은 매우 신선하다.

   The _____ water is very fresh.

4. 여름 휴가는 길다.

   The summer _____ is long.

5. 사실을 말해 줘.

   _____ me the truth.

6. 나는 내 부분은 끝냈다.

   I finished my _____.

7. 내 말을 들어.

   _____ to me.

8. 채소들이 싸다.

   Vegetables are _____.

9. 그녀는 아기처럼 행동한다.

   She _____s like a baby.

10. 나는 갈 준비가 되어있다.

    I am _____ to go.

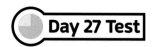

Day 27 Test

한글 단어 문제를 영어로 적으세요.　　　　　점수: _____

	문제	답
1	평화	
2	행동하다, 연기하다, 행동	
3	싼, 저렴한	
4	준비된, 미리	
5	아이, 어린이	
6	봄, 샘, 스프링, 뛰다	
7	역, 정거장	
8	듣다	
9	부르다, 말하다, 전화하다	
10	질문, 의문, 묻다	
11	부분, 일부, 지역	
12	야생의, 거친	
13	탁자, 식탁	
14	점심 식사	
15	지도	
16	말하다, 이야기하다	
17	가게, 쇼핑하다	
18	저녁 식사	
19	산	
20	방학, 휴가	

♣ 테스트의 정답은 앞의 페이지의 단어를 참고하여 직접 채점해 보세요.

직접 쓰면서 암기해보세요 !

brush   명 붓, 빗 동 빗다, 닦다

Where is the _____?
빗이 어디 있니?

country   명 국가, 나라, 시골

This _____ is poor.
이 국가는 가난하다.

course   명 과정, 수업, 코스

The dinner has 9 _____s.
저녁 식사는 9개의 코스를 가진다.

enjoy   동 즐기다

_____ when you can.
네가 할 수 있을 때 즐거라.

expensive   형 비싼

This is not _____.
이것은 비싸지 않다.

fine   형 좋은, 미세한 명 벌금

I got a _____.
나는 벌금을 받았어.

handsome 	[형] 잘생긴

He is a _____ boy.
그는 잘생긴 소년이다.

holiday 	[명] 휴일, 공휴일

The _____ is over.
휴일은 끝난다.

hope 	[명] 희망 [동] 바라다, 희망하다

You are the last _____.
네가 최후의 희망이다.

husband 	[명] 남편

My _____ is lazy.
내 남편은 게을러.

minute 	[명] 분, 잠깐

Do you need _____s?
너는 몇 분이 필요하니?

night 	[명] 밤, 저녁

It was a long _____.
긴 밤이었다.

other 	[형] 다른 [명] 다른 사람

The _____ man is a teacher.
다른 남자는 선생님이다.

sing 통 노래하다

Can you _____ well?
너는 노래 잘 부르니?

storm 명 폭풍

The _____ is near.
폭풍은 근처에 있다.

stupid 형 바보같은, 어리석은

All wars are _____.
모든 전쟁들은 어리석다.

summer 명 여름

When does _____ start?
언제 여름이 시작하니?

together 부 함께, 같이, 서로

I live with my parents _____.
나는 부모님과 함께 산다.

trip 명 여행 통 넘어지다

Don't _____ over the cat.
고양이에게 걸려 넘어지지 마.

year 명 년, 해, 나이

Last _____ was bad.
작년은 나빴다.

Check up

다음 문장들을 해석에 맞게 빈칸을 채우세요.

1. 네가 할 수 있을 때 즐겨라.

   _____ when you can.

2. 나는 벌금을 받았어.

   I got a _____.

3. 내 남편은 게을러.

   My _____ is lazy.

4. 긴 밤이었다.

   It was a long _____.

5. 너는 노래 잘 부르니?

   Can you _____ well?

6. 나는 부모님과 함께 산다.

   I live with my parents _____.

7. 언제 여름이 시작하니?

   When does _____ start?

8. 폭풍은 근처에 있다.

   The _____ is near.

9. 빗이 어디 있니?

   Where is the _____?

10. 저녁 식사는 9개의 코스를 가진다.

    The dinner has 9 _____s.

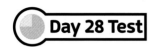

Day 28 Test

한글 단어 문제를 영어로 적으세요.   점수: _____

	문제	답
1	빗다, 닦다, 붓, 빗	
2	분, 잠깐	
3	다른, 다른 사람	
4	과정, 수업, 코스	
5	노래하다	
6	즐기다	
7	좋은, 미세한, 벌금	
8	바보같은, 어리석은	
9	잘생긴	
10	남편	
11	년, 해, 나이	
12	바라다, 희망하다, 희망	
13	여행, 넘어지다	
14	폭풍	
15	비싼	
16	밤, 저녁	
17	국가, 나라, 시골	
18	여름	
19	휴일, 공휴일	
20	함께, 같이, 서로	

♣ 테스트의 정답은 앞의 페이지의 단어를 참고하여 직접 채점해 보세요.

Day 29

bathroom 	명 욕실, 화장실

This _____ is huge.
이 욕실은 매우 크다.

count 	동 세다, 중요하다, 믿다

_____ down.
거꾸로 세다.

dance 	명 춤 동 춤추다

Let's _____.
춤추자.

hill 	명 언덕

The _____ is steep.
그 언덕은 가파르다.

hot 	형 뜨거운, 더운, 매운

Is the coffee _____?
커피는 뜨겁니?

know 	동 알다

Do I _____ you?
내가 당신을 아나요?

move　통 움직이다, 이동하다, 이사하다

They _____d to Korea.
그들은 한국으로 이사했다.

place　명 장소, 곳 통 놓다, 두다

_____ your phone on the table.
너의 폰을 테이블 위에 두어라.

puppy　명 강아지

The _____ is cute.
그 강아지는 귀엽다.

rainbow　명 무지개

The _____ after rain.
비 온 뒤의 무지개

rich　형 부유한, 부자인

We are not _____.
우리는 부자가 아니다.

road　명 도로, 길

The _____ is empty.
도로는 비어있다.

subway　명 지하철

I'll take a _____.
나는 지하철을 탈 것이다.

talk 　명 얘기 　동 말하다, 이야기하다

Don't _____ to strangers.
낯선 사람들과 이야기하지 마.

thunder 　명 천둥

Did you hear the _____?
천둥소리를 들었니?

try 　명 시도 　동 노력하다, 시도하다

_____ harder.
더 열심히 노력해.

vase 　명 꽃병

This _____ is heavy.
이 꽃병은 무겁다.

wall 　명 벽

The _____ is strong.
그 벽은 튼튼하다.

west 　명 서쪽, 서부

Life in the _____ is wild.
서부의 삶은 거칠다.

wise 　형 현명한, 지혜로운

The old man is _____.
그 노인은 지혜롭다.

Check up

다음 문장들을 해석에 맞게 빈칸을 채우세요.

1. 내가 당신을 아나요?

   Do I _____ you?

2. 그들은 한국으로 이사했다.

   They _____d to Korea.

3. 도로는 비어있다.

   The _____ is empty.

4. 이 꽃병은 무겁다.

   This _____ is heavy.

5. 그 노인은 지혜롭다.

   The old man is _____.

6. 그 벽은 튼튼하다.

   The _____ is strong.

7. 더 열심히 노력해.

   _____ harder.

8. 천둥소리를 들었니?

   Did you hear the _____?

9. 낯선 사람들과 이야기하지 마.

   Don't _____ to strangers.

10. 나는 지하철을 탈 것이다.

    I'll take a _____.

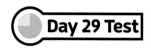

Day 29 Test

한글 단어 문제를 영어로 적으세요.   점수: _____

	문제	답
1	욕실, 화장실	
2	부유한, 부자인	
3	지하철	
4	춤, 춤추다	
5	언덕	
6	말하다, 이야기하다, 얘기	
7	뜨거운, 더운, 매운	
8	천둥	
9	꽃병	
10	움직이다, 이사하다, 이동하다	
11	벽	
12	장소, 곳, 두다, 놓다	
13	강아지	
14	서쪽, 서부	
15	무지개	
16	현명한, 지혜로운	
17	알다	
18	노력하다, 시도하다, 시도	
19	도로, 길	
20	숫자, 세다, 중요하다	

♣ 테스트의 정답은 앞의 페이지의 단어를 참고하여 직접 채점해 보세요. ♣

Day 30

직접 쓰면서 암기해보세요 !

animal
명 동물

_____s are importanat.
동물들은 중요하다.

big
형 큰

The lion is a _____ animal.
사자는 큰 동물이다.

fat
형 뚱뚱한 명 지방

I am not _____.
나는 뚱뚱하지 않아.

kid
명 아이

A _____ cried.
한 아이가 울었다.

kind
형 친절한 명 종류

What _____ of tree is this?
이것은 무슨 종류의 나무이니?

luck
명 행운, 운

Wish me _____.
행운을 빌어줘.

map 명 지도

The _____ is upside down.
그 지도는 거꾸로이다.

part 명 부분, 일부

It is a _____ of my plan.
그것은 내 계획의 부분이다.

rain 명 비 동 비가 내리다

It _____s a lot.
비가 많이 내린다.

read 동 읽다

Can you _____ my mind?
너 내 마음을 읽을 수 있니?

ready 형 준비된, 미리

I've not _____ yet.
나는 아직 준비 안되었어.

see 동 보다

Did you _____ this?
너 이거 봤니?

shoe 명 신발

I found my ____s__ dirty.
나는 내 신발이 더러운 것을 발견했다.

shop
명 가게 **동** 쇼핑하다

Did you _____?
너는 쇼핑했니?

story
명 이야기, 소설, 층

I want to hear your _____.
나는 너의 얘기를 듣고 싶어.

tell
동 말하다, 이야기 하다

_____ me your story
너의 얘기를 나에게 말해 줘.

thin
형 마른, 가는

Chopsticks are _____.
젓가락은 가늘다.

vacaion
명 방학, 휴가

I need a _____.
나는 휴가가 필요해.

watch
명 시계 **동** 보다, 경계하다

_____ the gate.
정문을 경계해라.

wear
동 입다, 착용하다

I don't like to _____ a skirt.
나는 치마를 입는 것을 좋아하지 않아.

 **Check up**

다음 문장들을 해석에 맞게 빈칸을 채우세요.

1. 나는 뚱뚱하지 않아.

   I am not _____.

2. 행운을 빌어줘.

   Wish me _____.

3. 비가 많이 내린다.

   It _____s a lot.

4. 너 이거 봤니?

   Did you _____ this?

5. 너는 쇼핑했니?

   Did you _____?

6. 나는 너의 얘를 듣고 싶어.

   I want to hear your _____.

7. 젓가락은 가늘다.

   Chopsticks are _____.

8. 정문을 경계해라.

   _____ the gate.

9. 나는 치마를 입는 것을 좋아하지 않아.

   I don't like to _____ a skirt.

10. 이것은 무슨 종류의 나무이니?

    What _____ of tree is this?

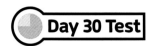

한글 단어 문제를 영어로 적으세요.   점수: _____

	문제	답
1	가게, 쇼핑하다	
2	아이	
3	말하다, 이야기하다	
4	행운, 운	
5	방학, 휴가	
6	부분, 일부	
7	비, 비 내리다	
8	보다, 경계하다, 시계	
9	읽다	
10	입다, 쓰다, 착용하다	
11	준비된, 미리	
12	동물	
13	큰	
14	보다	
15	신발	
16	뚱뚱한, 지방	
17	친절한, 종류	
18	이야기, 소설, 층	
19	마른, 가는	
20	지도	

♣ 테스트의 정답은 앞의 페이지의 단어를 참고하여 직접 채점해 보세요.

Day 26~30
word puzzle

● 아래에 나오는 단어 여섯 개를 최대한 빨리 찾아 보세요.

시간기록:

u	r	c	a	x	v	k	w	w	x	g	r	v
z	l	x	l	l	v	b	g	a	c	a	j	a
l	z	g	o	a	p	l	s	e	r	p	w	c
v	a	p	j	w	s	k	h	g	g	d	f	a
p	x	m	a	b	j	s	w	q	n	i	t	t
x	x	t	i	p	r	r	u	a	n	w	i
h	c	u	o	n	k	u	d	o	m	o	q	o
h	k	e	t	h	a	n	d	s	o	m	e	n
n	p	m	f	j	p	e	g	d	u	m	l	d
h	d	q	q	o	q	x	w	s	h	d	o	b
y	i	t	o	p	r	m	z	j	l	t	h	a
b	b	c	m	x	o	i	h	e	l	q	p	j
m	o	o	r	h	t	a	b	t	b	j	z	c

①   잘생긴   ②   교실
③   방학, 휴가   ④   보다, 경계하다, 시계
⑤   욕실,화장실   ⑥   동물

직접 쓰면서 암기해보세요 !

cheap 　　　　　　　형 싼, 저렴한

They are _____.
그것들은 싸다.

dead 　　　　　　　형 죽은

Is he _____?
그는 죽었니?

dinner 　　　　　　　명 저녁 식사

_____ is ready.
저녁이 준비되었다.

know 　　　　　　　동 알다

I _____ nothing.
나는 아무것도 알지 못한다.

listen 　　　　　　　동 듣다

_____ to me.
내 말 좀 들어.

low 　　　　　　　형 낮은

The clouds are _____.
구름들이 낮다.

meet 〔동〕만나다

Who did you _____?
너는 누구를 만났니?

mountain 〔명〕산

The _____ is low.
그 산은 낮다.

pass 〔명〕통과 〔동〕통과하다, 지나가다

You can _____.
너는 통과할 수 있다.

peace 〔명〕평화

make _____ with him.
그와 화해해라.

playground 〔명〕운동장, 놀이터

He is in the _____.
그는 놀이터에 있다.

poor 〔형〕가난한, 불쌍한

Look at the _____ dog.
불쌍한 개를 봐.

puppy 〔명〕강아지

My _____ is cute..
내 강아지는 귀엽다.

question 명 질문, 의문 동 묻다, 의심하다

I have many _____s.
나는 많은 질문들이 있다.

season 명 계절

Which _____ do you like?
너는 어느 계절을 좋아하니?

ship 명 배 동 수송하다

My _____ is big.
나의 배는 크다.

village 명 마을

We live in a small _____.
우리는 작은 마을에서 산다.

wild 형 야생의

They are _____ dogs.
그들은 야생 개들이다.

wise 형 현명한, 지혜로운

He is smart and _____.
그는 똑똑하고 현명하다.

wood 명 나무, 숲

She runs in the _____.
그녀는 숲속을 뛴다.

Check up

다음 문장들을 해석에 맞게 빈칸을 채우세요.

1. 그는 죽었니?

   Is he _____?

2. 구름들이 낮다.

   The clouds are _____.

3. 너는 통과할 수 있다.

   You can _____.

4. 그는 놀이터에 있다.

   He is in the _____.

5. 너는 어느 계절을 좋아하니?

   Which _____ do you like?

6. 우리는 작은 마을에서 산다.

   We live in a small _____.

7. 나의 배는 크다.

   My _____ is big.

8. 그들은 야생 개들이다.

   They are _____ dogs.

9. 그녀는 숲속을 뛴다.

   She runs in the _____.

10. 너는 누구를 만났니?

    Who did you _____?

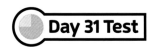

Day 31 Test

한글 단어 문제를 영어로 적으세요.　　　　점수: _____

	문제	답
1	가난한, 불쌍한	
2	죽은	
3	계절	
4	듣다	
5	마을	
6	만나다	
7	싼, 저렴한	
8	운동장, 놀이터	
9	낮은	
10	배, 수송하다	
11	산	
12	야생화	
13	통과하다, 지나가다, 통과	
14	현명한, 지혜로운	
15	평화	
16	나무, 숲	
17	운동장, 놀이터	
18	싼, 저렴한	
19	강아지	
20	저녁 식사	

♣ 테스트의 정답은 앞의 페이지의 단어를 참고하여 직접 채점해 보세요.

Day 32

직접 쓰면서 암기해보세요!

animal 　　　　　　　　명 동물

Kids love _____s.
아이들은 동물들을 사랑한다.

become 　　　　　　　　동 되다

I will _____ a teacher.
나는 선생님이 될 것이다.

dance 　　　　명 춤 동 춤을 추다

Do you like to _____?
너는 춤추는 것을 좋아하니?

dark 　　　　　　　형 어두운, 짙은

My room is _____.
내 방은 어둡다.

dry 　　　　　　　형 마른, 건조한

My hands are _____.
내 손은 건조하다.

fat 　　　　　　형 뚱뚱한 명 지방

It's _____.
그건 지방이야.

grow 　　　　　　　동 자라다, 키우다

What do you _____?
너는 무엇을 키우니?

hall 　　　　　　　명 복도

The _____ is wide.
복도가 넓다.

handsome 　　　　　　　형 잘생긴

They are all _____.
그들은 모두 잘생겼다.

kind 　　　　　　　형 친절한 명 종류

My dad is _____.
내 아빠는 친절하다.

pick 　　　　　　　동 선택하다, 고르다, 따다

_____ me.
나를 뽑아.

road 　　　　　　　명 도로, 길

The _____ ends here.
그 길은 여기서 끝난다.

show 　　　　　　　명 쇼 동 보여주다, 나타나다

_____ me your passport.
여권을 보여 주세요.

sick
형 아픈, 병든

The old man is _____.
그 노인은 아프다.

subway
명 지하철

The _____ is safe.
그 지하철은 안전하다.

thick
형 두꺼운

The book is _____.
그 책은 두껍다.

thin
형 얇은, 가는

He has _____ legs.
그는 가는 다리를 가지고 있다.

vacation
명 방학, 휴가

My _____ ends tomorrow.
내 휴가는 내일 끝난다.

wear
동 입다, 신다

She _____s a dress.
그녀는 드레스를 입는다.

wing
명 날개

Birds have _____s.
새들은 날개들을 가지고 있다.

Check up

다음 문장들을 해석에 맞게 빈칸을 채우세요.

1. 나는 선생님이 될 것이다.

   I will _____ a teacher.

2. 너는 춤추는 것을 좋아하니?

   Do you like to _____?

3. 내 손은 건조하다.

   My hands are _____.

4. 너는 무엇을 키우니?

   What do you _____?

5. 나를 뽑아.

   _____ me.

6. 그 노인은 아프다.

   The old man is _____.

7. 여권을 보여 주세요.

   _____ me your passport.

8. 그 책은 두껍다.

   The book is _____.

9. 새들은 날개들을 가지고 있다.

   Birds have _____s.

10. 그 길은 여기서 끝난다.

    The _____ ends here.

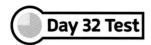

Day 32 Test

한글 단어 문제를 영어로 적으세요.   점수: _____

	문제	답
1	동물	
2	선택하다, 고르다	
3	아픈, 병든	
4	어두운, 짙은	
5	마른	
6	지하철	
7	두꺼운	
8	뚱뚱한, 지방	
9	자라다, 키우다	
10	얇은, 가는	
11	방학, 휴가	
12	복도	
13	입다, 신다	
14	잘생긴	
15	날개	
16	친절한, 종류	
17	춤, 춤을 추다	
18	보여주다, 나타내다, 쇼	
19	도로, 길	
20	되다	

♣ 테스트의 정답은 앞의 페이지의 단어를 참고하여 직접 채점해 보세요.

Day 33

직접 쓰면서 암기해보세요 !

always   [부] 늘, 항상

He is _____ busy.
그는 늘 바쁘다.

chance   [명] 기회, 가능성

There is no _____.
가능성이 없다.

cover   [동] 덮다, 가리다

_____ your ears.
너의 귀를 가려라.

dirty   [형] 더러운

My hands are _____.
내 손은 더럽다.

drive   [명] 드라이브, 운전 [동] 운전하다

Let's go for a _____.
드라이브 가자.

dream   [명] 꿈 [동] 꿈꾸다

What is your _____?
너의 꿈은 무엇이니?

빽빽이 초중등 필수 영단어 1

expensive
형 비싼

The plan is _____.
그 계획은 비싸다.

flag
명 깃발, 기

The _____ is upside down.
그 깃발은 거꾸로이다.

garden
명 정원

Is this your _____?
이것은 너의 정원이니?

glad
형 기쁜

I am _____ to know you.
너를 알게 돼서 기쁘다.

little
형 적은, 작은

He is just a _____ kid.
그는 단지 어린 아이야.

problem
명 문제, 과제

I have a big _____.
나는 큰 문제를 가지고 있다.

picture
명 그림, 사진

Where are you in the _____?
너는 사진 속에 어디 있니?

ride 　　　　　　　圏 탈 것 　圐 타다

Do you need a _____?
너는 탈것이 필요하니?

street 　　　　　　　圏 거리

This _____ is dangerous.
이 거리는 위험하다.

speak 　　　　　　　圐 말하다

I _____ Korean.
나는 한국어를 말한다.

strange 　　　　　　　圐 이상한, 낯선

I feel _____.
나는 이상하게 느낀다.

together 　　　　　　　圐 함께, 서로

Let's win _____.
함께 이기자.

wake 　　　　　　　圐 깨다, 일어나다

Don't _____ me up.
나를 깨우지 마.

winter 　　　　　　　圏 겨울

This _____ is not cold.
이번 겨울은 춥지 않다.

Check up

다음 문장들을 해석에 맞게 빈칸을 채우세요.

1. 내 손은 더럽다.

   My hands are _____.

2. 드라이브 가자.

   Let's go for a _____.

3. 이것은 너의 정원이니?

   Is this your _____?

4. 나는 큰 문제를 가지고 있다.

   I have a big _____.

5. 이 거리는 위험하다.

   This _____ is dangerous.

6. 나를 깨우지 마.

   Don't _____ me up.

7. 나는 한국어를 말한다.

   I _____ Korean.

8. 그 계획은 비싸다.

   The plan is _____.

9. 너의 꿈은 무엇이니?

   What is your _____?

10. 너의 귀를 가려라.

   _____ your ears.

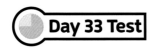 **Day 33 Test**

한글 단어 문제를 영어로 적으세요.   점수: _____

	문제	답
1	그림, 사진	
2	덮다, 가리다	
3	거리	
4	운전하다	
5	꿈꾸다, 꿈	
6	말하다, 이야기하다	
7	비싼	
8	이상한, 낯선	
9	늘, 항상	
10	적은, 작은	
11	더러운	
12	타다, 탈것	
13	깃발, 기	
14	함께, 서로	
15	정원	
16	깨다, 일어나다	
17	기쁜	
18	겨울	
19	기회, 가능성	
20	문제, 과제	

♣ 테스트의 정답은 앞의 페이지의 단어를 참고하여 직접 채점해 보세요.

Day 34

직접 쓰면서 암기해보세요 !

buy 　　　　　　 동 가다,구입하다

I want to _____ meat.
나는 고기를 사고 싶다.

---

count 　　　 명 숫자 동 세다, 믿다, 중요하다

You can _____ on me.
너는 날 의지할 수 있다.

---

dead 　　　　　　　　 형 죽은

How many people are _____?
얼마나 많은 사람들이 죽었니?

---

find 　　　　　 동 찾다, 발견하다

Did you _____ your dog?
너는 너의 개를 찾았니?

---

hate 　　　　 명 싫어하다, 미워하다

I don't _____ you.
나는 너를 싫어하지 않아.

---

ill 　　　　 형 아픈, 나쁜, 잘못된

They are _____.
그들은 아프다.

Day 34

181

know

동 알다

I didn't _____ that.
나는 그것을 알지 못했다.

market

명 시장

Where is the _____?
시장이 어디 있니?

never

부 결코 ~않다

I _____ lie.
나는 결코 거짓말을 하지 않는다.

office

명 사무실

I work in the small _____.
나는 작은 사무실에서 일한다.

part

명 부분, 일부

This land is a _____ of Korea.
이 땅은 한국의 일부이다.

pass

동 통과하다, 지나가다 **명** 통과

Let me _____.
제가 통과하게 해주세요.

people

명 사람들

_____ are busy.
사람들은 바쁘다.

빽빽이 초중등 필수 영단어 1

playground 　　　명 운동장, 놀이터

Many kids are in the _____.
많은 아이들이 운동장에 있다.

pretty 　　　형 예쁜 부 꽤

The doll is _____.
그 인형은 예쁘다.

question 　　　명 질문, 의문 동 묻다

Do you have any _____s?
너는 어떤 질문들이 있니?

remember 　　　동 기억하다

I'll _____ this.
나는 이것을 기억할 것이다.

see 　　　동 보다, 알다

I _____.
알겠어.

try 　명 노력, 시도 동 노력하다, 시도하다

I _____ to succeed.
나는 성공하기를 노력한다.

wood 　　　명 나무, 숲

The _____ is safe.
그 숲은 안전하다.

Check up

다음 문장들을 해석에 맞게 빈칸을 채우세요.

1. 너는 날 의지할 수 있다.

   You can _____ on me.

2. 나는 너를 싫어하지 않아.

   I don't _____ you.

3. 그들은 아프다.

   They are _____.

4. 시장이 어디 있니?

   Where is the _____?

5. 나는 결코 거짓말을 하지 않는다.

   I _____ lie.

6. 나는 작은 사무실에서 일한다.

   I work in the small _____.

7. 그 인형은 예쁘다.

   The doll is _____.

8. 제가 통과하게 해주세요.

   Let me _____.

9. 사람들은 바쁘다.

   _____ are busy.

10. 나는 고기를 사고 싶다.

    I want to _____ meat.

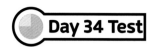
한글 단어 문제를 영어로 적으세요.　　　　　점수: _____

문제	답
1　숫자, 세다, 중요하다	
2　통과하다, 지나가다, 통과	
3　운동장, 놀이터	
4　찾다, 발견하다	
5　가다, 구입하다	
6　부분, 일부	
7　질문, 의문, 묻다	
8　아픈, 나쁜, 잘못된	
9　알다	
10　기억하다	
11　시장	
12　보다, 알다	
13　나무, 숲	
14　사무실	
15　노력하다, 시도하다, 노력	
16　결코 ~않다	
17　사다, 구입하다	
18　부분, 일부	
19　죽은	
20　사람들	

♣ 테스트의 정답은 앞의 페이지의 단어를 참고하여 직접 채점해 보세요.

직접 쓰면서 암기해보세요 !

become　　　　　동 되다

A boy will _____ a man.
소년은 남자가 될 것이다.

cry　　　　　동 울다, 외치다

The baby didn't _____.
그 아기는 울지 않았다.

grow　　　　　동 자라다, 기르다

He _____ flowers.
그는 꽃들을 기른다.

low　　　　　형 낮은

His income is _____.
그의 수입은 낮다.

meet　　　　　동 만나다

Who did you _____ last night?
지난 밤에 누구를 만났니?

move　　동 움직이다, 이동하다, 이사하다

_____ this table.
이 탁자를 옮겨.

night 　　　　　　　　명 밤

Summer has a short _____.
여름은 짧은 밤을 가진다.

pick 　　　　　동 선택하다, 고르다, 따다

You can _____ flowers.
너는 꽃을 딸 수 있다.

place 　　　명 장소, 곳 동 두다, 놓다

My house is a safe _____.
내 집은 안전한 곳이다.

rain 　　　　　명 비 동 비가 내리다

It will _____ tomorrow.
내일 비가 올 것이다.

read 　　　　　　　　동 읽다

I didn't _____ the letter.
나는 그 편지를 읽지 않았다.

season 　　　　　　　명 계절

We have four _____s.
우리는 사계절을 가지고 있다.

ship 　　　　　명 배 동 이송하다

They build big _____s.
그들은 큰 배들을 짓는다.

sick 형 아픈, 병든

Who is _____?
누가 아프니?

station 명 역, 정류장

The bus _____ is far.
버스 정류장은 멀다.

talk 명 이야기 동 말하다, 이야기하다

I am _____ing to you.
나 너한테 얘기하고 있다.

thick 형 두꺼운

He has a _____ neck.
그는 두꺼운 목을 가지고 있다.

village 명 마을

My _____ is very beautiful.
내 마을은 매우 아름답다.

wall 명 벽

We have to paint the _____.
우리는 그 벽을 색칠해야 한다.

wild 형 야생의, 거친

Don't touch _____ plants.
야생 식물들을 만지지 마라.

다음 문장들을 해석에 맞게 빈칸을 채우세요.

1. 그는 꽃들을 기른다.

   He _____ flowers.

2. 그의 수입은 낮다.

   His income is _____.

3. 그들은 큰 배들을 짓는다.

   They build big _____s.

4. 내 마을은 매우 아름답다.

   My _____ is very beautiful.

5. 야생 식물들을 만지지 마라.

   Don't touch _____ plants.

6. 나는 그 편지를 읽지 않았다.

   I didn't _____ the letter.

7. 지난 밤에 누구를 만났니?

   Who did you _____ last night?

8. 소년은 남자가 될 것이다.

   A boy will _____ a man.

9. 너는 꽃을 딸 수 있다.

   You can _____ flowers.

10. 내 집은 안전한 곳이다.

    My house is a safe _____.

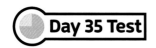 **Day 35 Test**

한글 단어 문제를 영어로 적으세요.   점수: _____

문제	답
1 계절	
2 울다, 외치다	
3 자라다, 기르다	
4 배, 이송하다	
5 만나다	
6 역	
7 두꺼운	
8 밤	
9 마을	
10 선택하다, 고르다, 따다	
11 야생의, 거친	
12 비, 비가 내리다	
13 장소, 곳, 두다, 놓다	
14 벽	
15 되다	
16 읽다	
17 낮은	
18 아픈, 병든	
19 움직이다, 이동하다	
20 말하다, 이야기	

♣ 테스트의 정답은 앞의 페이지의 단어를 참고하여 직접 채점해 보세요.

Day 31~35
word puzzle

● 아래에 나오는 단어 여섯 개를 최대한 빨리 찾아 보세요.

시간기록:

x	v	v	k	t	l	u	m	w	p	e	a	v
a	w	g	e	g	m	o	y	k	y	n	s	j
i	t	i	y	f	u	m	f	f	g	p	k	u
i	j	l	l	n	p	o	p	c	u	a	p	y
y	p	b	t	r	e	m	e	m	b	e	r	b
i	f	a	n	u	h	r	w	y	v	g	v	t
i	i	l	f	e	e	u	e	w	y	l	c	e
n	o	s	a	e	s	g	c	s	a	q	m	k
s	d	b	o	j	h	q	a	g	z	o	t	c
u	y	u	n	q	s	s	l	l	c	f	x	k
g	f	w	i	y	m	r	p	e	l	o	v	z
u	k	b	x	c	y	w	b	w	u	i	p	e
b	o	b	a	n	z	g	r	w	q	x	v	p

① 산
② 계절
③ 마을
④ 장소, 곳,
⑤ 되다
⑥ 기억하다

animal
명 동물

You can see _____s in the zoo.
너는 동물원에서 동물들을 볼 수 있다.

buy
명 사다

I'll _____ that car.
나는 그 차를 살 것이다.

cheap
형 싼, 값싼

The car is not _____.
그 차는 싸지 않다.

diet
명 식사, 다이어트, 식생활

I am on a _____.
나는 다이어트 중이다.

find
동 찾다, 발견하다

What did you _____?
너는 무엇을 찾았니?

freedom
명 자유

_____ is important.
자유는 중요하다.

hate   동 싫어하다, 미워하다

I don't _____ animals.
나는 동물들을 싫어하지 않는다.

hug   명 포옹 동 포옹하다, 껴안다

I _____ my puppy.
나는 나의 강아지를 포옹한다.

ill   형 아픈, 나쁜

You look _____.
너는 아파 보인다.

just   부 단지, 그냥

It is _____ money.
그건 단지 돈일 뿐이야.

luck   명 행운, 운

Good _____!
행운을 빌어.

main   형 주요한, 주된

What is the _____ dish?
뭐가 주요 음식이니?

mix   동 섞다, 혼합하다

Don't _____ coffee with milk.
커피를 우유랑 섞지 마.

never　　　　　　　부 결코 ~않다, 결코, 절대로

I have _____ met him.
나는 그를 만난 적이 없다.

pretty　　　　　　　형 예쁜 부 꽤

This is _____ expensive.
이것은 꽤나 비싸다.

smile　　　　　　　명 미소 동 미소 짓다

He has a great _____.
그는 굉장한 미소를 가지고 있다.

stay　　　　　　　동 머무르다, 유지하다

_____ school.
학교에 머물러라.

strike　　　　　　　동 치다, 공격하다, 파업하다

The country _____s other countries.
그 국가는 다른 국가들을 공격한다.

wallet　　　　　　　명 지갑

I lost my _____.
나는 내 지갑을 잃었다.

wise　　　　　　　형 현명한, 지혜로운

Be _____.
현명해라.

Check up

다음 문장들을 해석에 맞게 빈칸을 채우세요.

1. 너는 동물원에서 동물들을 볼 수있다.

   You can see _____s in the zoo.

2. 나는 다이어트 중이다.

   I am on a _____.

3. 자유는 중요하다.

   _____ is important.

4. 나는 나의 강아지를 포옹한다.

   I _____ my puppy.

5. 그건 단지 돈일 뿐이야.

   It is _____ money.

6. 뭐가 주요 음식이니?

   What is the _____ dish?

7. 커피를 우유랑 섞지마.

   Don't _____ coffee with milk.

8. 그 국가는 다른 국가들을 공격한다.

   The country _____s other countries.

9. 나는 내 지갑을 잃었다.

   I lost my _____.

10. 그는 굉장한 미소를 가지고 있다.

    He has a great _____.

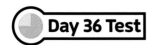

Day 36 Test

한글 단어 문제를 영어로 적으세요.   점수: _____

	문제	답
1	섞다, 혼합하다	
2	싼, 반값	
3	찾다, 발견하다	
4	예쁜, 꽤	
5	자유	
6	미소, 미소짓다	
7	머무르다, 유지하다	
8	싫어하다, 미워하다	
9	지갑	
10	아픈, 나쁜	
11	포옹하다, 껴안다, 포옹	
12	치다, 공격하다, 파업하다	
13	현명한, 지혜로운	
14	단지, 그냥	
15	사다	
16	주요한, 주된	
17	동물	
18	행운, 운	
19	식사, 식생활, 다이어트	
20	결코 ~않다, 절대로	

♣ 테스트의 정답은 앞의 페이지의 단어를 참고하여 직접 채점해 보세요.

dark 형 어두운, 진한

It's _____ blue.
그것은 짙은 파랑색이다.

dry 형 마른, 건조한

The fall is a _____ season.
가을은 건조한 계절이다.

final 형 마지막의, 최종적인, 결정적인

This is _____.
이것이 마지막이다.

hall 명 복도

Don't run in the _____.
복도에서 뛰지 마.

later 부 나중에, 후에, 뒤에

See you _____!
나중에 보자.

market 명 시장

Where is the fish _____?
어디가 어류 시장입니까?

musical
형 음악의 **명** 뮤지컬

The girl has a _____ talent.
그는 음악 재능이 있다.

novel
동 소설 **형** 기발한, 참신한

Did you read the _____?
그 소설 읽었니?

office
명 사무실

Where is your _____?
너의 사무실은 어디 있니?

people
명 사람들

There are many _____.
많은 사람들이 있다.

race
명 경주, 경쟁, 인종 **동** 경주하다

Did you win the _____?
그 경주에서 이겼니?

really
부 정말, 사실상, 실제로

English is _____ important.
영어는 정말로 중요하다.

remember
동 기억하다

I don't _____ his name.
나는 그의 이름을 기억한다.

reporter 　　　　　 명 기자

The _____ is waiting for you.
기자가 너를 기다리고 있는 중이다.

shocked 　　　　 형 충격적인, 충격받은

I am _____.
나는 충격받았다.

show 　　　 명 쇼 동 보여주다, 나타나다

It is a great _____.
그것은 굉장한 쇼이다.

toilet 　　　　　 명 화장실, 변기

The _____ is dirty.
그 변기는 더럽다.

total 　　　　 형 전체의 명 총, 합계

What is a _____ point?
종합 점수는 뭐니?

village 　　　　　　 명 마을

I grew up in a small _____.
나는 작은 마을에서 자랐다.

wing 　　　　　　 명 날개

An angel has _____s.
천사는 날개를 가지고 있다.

Check up

다음 문장들을 해석에 맞게 빈칸을 채우세요.

1. 나는 너를 따를 것이다.

   I will _____ you.

2. 나는 집안일들을 한다.

   I do _____s.

3. 너의 첫 번째 이름이 뭐니?

   What is your _____ name?

4. 너 몇시에 도착하니?

   What time do you _____?

5. 그 역시 고양이를 좋아하지 않아.

   He doesn't like cats, _____.

6. 시험이 언제야?

   When is the _____?

7. 기적들은 일어난다.

   _____s happen.

8. 우리는 큰 프로젝트를 일한다.

   We work on a big _____.

9. 그들은 파업한다.

   They go on a _____.

10. 매니저를 볼 수 있을까요?

    Can I see your _____?

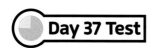

Day 37 Test

한글 단어 문제를 영어로 적으세요.　　　　점수: _____

	문제	답
1	마른, 건조한	
2	정말, 사실상, 실제로	
3	충격적인, 충격받은	
4	나중에, 후에, 뒤에	
5	화장실, 변기	
6	음악의, 뮤지컬	
7	마을	
8	사무실	
9	날개	
10	사람들	
11	어두운, 진한, 어둠	
12	경주하다, 경주, 인종	
13	기억하다	
14	마지막의, 최종적인	
15	기자	
16	복도	
17	시장	
18	보여주다, 나타나다, 쇼	
19	소설	
20	전체의, 총, 합계	

♣ 테스트의 정답은 앞의 페이지의 단어를 참고하여 직접 채점해 보세요.

직접 쓰면서 암기해보세요 !

arrive 　　　　　동 도착하다

What time do you _____?
너 몇시에 도착하니?

either 　　　　　부 역시, 또한

He doesn't like cats, _____.
그 역시 고양이를 좋아하지 않아.

exam 　　　　　명 시험,조사

When is the _____?
시험이 언제야?

fat 　　　　　형 뚱뚱한 명 지방

Am I _____?
나 뚱뚱해?

first 　　　　　한 첫 번째, 첫째

What is your _____ name?
너의 첫 번째 이름이 뭐니?

follow 　　　　　동 따르다

I will _____ you.
나는 너를 따를 것이다.

freedom
명 자유

People want _____.
사람들은 자유를 원한다.

hate
동 싫어하다, 미워하다

I _____ no one.
나는 누구도 미워하지 않는다.

housework
명 집안일, 가사

I do _____s.
나는 집안일들을 한다.

just
부 단지, 그냥, 금방

He _____ left.
그는 방금 떠났다.

kind
형 친절한 **명** 종류

It is very _____ of you.
너는 매우 친절하구나

manager
명 관리인, 경영자, 매니저

Can I see your _____?
매니저를 볼 수 있을까요?

miracle
명 기적

_____s happen.
기적들은 일어난다.

project 명 계획, 과제, 프로젝트

We work on a big _____.
우리는 큰 프로젝트를 일한다.

season 명 계절

What is your favorite _____?
네가 가장 좋아하는 계절은 무엇이니?

sleep 동 자다 명 잠

Did you have a good _____?
잠은 잘 잤니?

stay 동 머무르다, 유지하다

Where do you _____?
너는 어디에 머무르니?

strike 동 치다, 때리다, 파업하다

They go on a _____.
그들은 파업한다.

thin 형 마른, 가는

The staff is _____.
그 지팡이는 가늘다.

watch 명 손목시계 동 보다, 지키다, 경계하다

Where is my _____?
내 시계가 어디에 있지?

 **Check up**

다음 문장들을 해석에 맞게 빈칸을 채우세요.

1. 물이 떨어진다.

   water _____s.

2. 우리는 여행가이드가 필요하다.

   We need a tour _____.

3. 주 제목이 뭐니?

   What is the _____ title?

4. 나중에 만나자.

   Meet me _____.

5. 나는 네가 그리워.

   I am _____ you.

6. 너는 이것을 지불했니?

   Did you _____ for this?

7. 우리들은 컴퓨터를 생산한다.

   We _____ computers.

8. 그 음식은 내 배를 아프게 한다.

   The food hurt my _____.

9. 언젠가 우리는 다시 만날 것이다.

   _____ we will meet again.

10. 새로운 물결이 오는 중이다.

    New _____ is coming.

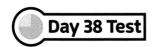

Day 38 Test

한글 단어 문제를 영어로 적으세요.　　　　점수: _____

문제	답
1 시험, 조사	
2 기적	
3 계획, 과제	
4 뚱뚱한, 지방	
5 계절	
6 첫 번째, 첫째	
7 따르다	
8 자다	
9 치다, 때리다, 파업하다	
10 싫어하다, 미워하다	
11 마른, 가는	
12 집안일, 가사	
13 단지, 그냥	
14 보다, 지키다, 경계하다	
15 도착하다	
16 친절한, 종류	
17 역시, 또한	
18 관리인, 경영자, 매니저	
19 자유	
20 머무르다	

♣ 테스트의 정답은 앞의 페이지의 단어를 참고하여 직접 채점해 보세요.

직접 쓰면서 암기해보세요 !

become 동 되다

I want to _____ a doctor.
나는 의사가 되기를 원한다.

buy 동 사다

What do you want to _____?
너는 뭘 사기를 원하니?

diet 명 식사, 식생활, 다이어트

It is not a good _____.
그것은 좋은 식단이 아니다.

drop 동 떨어뜨리다. 내리다 명 하락

water _____s
물이 떨어진다.

grow 동 자라다, 기르다

Did you _____ up in Korea?
너 한국에서 자랐니?

guide 명 가이드 동 안내하다, 인도하다

We need a tour _____.
우리는 여행가이드가 필요하다.

hug
명 포옹 **동** 껴안다, 포옹하다

Give me a _____.
한 번 안아 줘.

later
부 나중에, 후에, 뒤에

Meet me _____.
나중에 만나자.

main
형 주요한, 주된

What is the _____ title?
주 제목이 뭐니?

meet
동 만나다

_____ me at 7p.m.
저녁 7시에 만나자.

missing
형 실종된, 없어진, 그리운

I am _____ you.
나는 네가 그리워.

mix
동 섞다, 혼합하다

Don't _____ anything.
어떤 것도 섞지마.

pay
동 지불하다

Did you _____ for this?
너는 이것을 지불했니?

produce　　　　　통 생산하다, 만들다

We _____ computers.
우리들은 컴퓨터를 생산한다.

report　　　　　명 보고, 보고서　통 알리다

Did you finish the _____?
너 보고서 끝냈니?

someday　　　　　부 언젠가

_____ we will meet again.
언젠가 우리는 다시 만날 것이다.

stomach　　　　　명 위, 배

The food hurt my _____.
그 음식은 내 배를 아프게 한다.

sunlight　　　　　명 햇빛

The _____ is good for your health.
햇빛은 너의 건강에 좋다.

wallet　　　　　명 지갑

The _____ is old.
그 지갑은 오래되었다.

wave　　　　　명 파도, 물결, 변화

New _____ is coming.
새로운 물결이 오는 중이다.

Check up

다음 문장들을 해석에 맞게 빈칸을 채우세요.

1. 이 지갑은 특별히 비싸다.

   This wallet is _____ expensive.

2. 그는 모험얘기를 읽는다.

   He reads _____ stories.

3. 생명은 신비하다.

   Life is a _____.

4. 그는 판타지 소설들을 쓴다.

   He writes fantasy _____s.

5. 화장실이 냄새가 난다.

   The _____ is smelly.

6. 너는 소원을 빌었니?

   Did you make a _____?

7. 총 얼마예요?

   How much is the _____?

8. 햇살이 내 정원에 있다.

   The _____ is on my garden.

9. 사람들은 충격받았다.

   People are _____.

10. 뱀이 미끄러진다.

    A snake _____s.

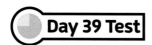

Day 39 Test

한글 단어 문제를 영어로 적으세요.   점수: _____

문제	답
1 되다	
2 실종된, 그리운	
3 자라다, 기르다	
4 보고, 보고서	
5 언젠가	
6 안내하다, 인도하다, 가이드	
7 껴안다, 포옹하다, 포옹	
8 위, 배	
9 햇빛	
10 나중에, 후에, 뒤에	
11 주요한, 주된	
12 지갑	
13 만나다	
14 파도, 물결, 변화	
15 사다	
16 섞다, 혼합하다	
17 지불하다	
18 식사, 다이어트	
19 생산하다, 만들다	
20 떨어뜨리다, 하락하다	

♣ 테스트의 정답은 앞의 페이지의 단어를 참고하여 직접 채점해 보세요.

Day 40

직접 쓰면서 암기해보세요 !

adventure   명 모험, 도전

He reads _____ stories.
그는 모험 얘기를 읽는다.

brave   형 용감한, 용기 있는

Parents are _____.
부모님들은 용감하다.

especially   부 특히, 특별히, 더욱

This wallet is _____ expensive.
이 지갑은 특별히 비싸다.

final   형 최종의, 마지막의, 결정적인

This is a _____ warning.
이것은 최종 경고이다.

hug   명 포옹 동 껴안다, 포옹하다

A baby _____s a puppy.
아기가 강아지를 껴안는다.

heavy   형 무거운, 심한

My bag is very _____.
내 가방은 매우 무겁다.

list 📖 목록, 명단

You are not on the _____.
너는 명단에 없다.

musical 📖 음악의 📖 뮤지컬

The _____ is great.
그 뮤지컬은 굉장하다.

mystery 📖 신비, 비밀, 수수께끼

Life is a _____.
생명은 신비하다.

never 📖 결코 ~않다, 절대 ~않다

_____ say _____.
좌절하지 말아라

novel 📖 소설 📖 기발한, 참신한

He writes fantasy _____s.
그는 판타지 소설들을 쓴다.

really 📖 정말, 사실상, 실제로

I _____ like him.
나는 정말로 그를 좋아한다.

reporter 📖 기자, 리포터

He will talk to _____s
그는 기자들에게 얘기할 것이다.

shocked 형 충격적인, 충격을 받은

People are _____.
사람들은 충격받았다.

slide 동 미끄러지다

A snake _____s
뱀이 미끄러진다.

smart 형 똑똑한, 영리한

My dog is _____.
내 개는 똑똑하다.

sunshine 명 햇빛, 햇살

The _____ is on my garden.
햇살이 내 정원에 있다.

toilet 명 화장실, 변기

The _____ is smelly.
화장실이 냄새가 난다.

total 형 전체의 명 총, 합계

How much is the _____?
총 얼마예요?

wish 명 소원 동 바라다, 기원하다

Did you make a _____?
너는 소원을 빌었니?

Check up

다음 문장들을 해석에 맞게 빈칸을 채우세요.

1. 출구가 어디니?

   Where is the _____?

2. 그 여행은 환상적이었다.

   The trip was _____.

3. 그것 또한 작동하지 않을 것이다.

   That will not work, _____.

4. 한국 음식은 맛있다.

   Korean food is _____.

5. 그것을 잊지 마.

   Don't _____ it.

6. 줄을 잡아.

   Grap the _____.

7. 우리는 다른 관점들을 가지고 있다.

   We have different _____s.

8. 누가 없어졌니?

   Who is _____?

9. 내 학교는 멀다.

   My school is _____.

10. 이 집은 큰 옷장을 가지고 있다.

    This house has a huge _____.

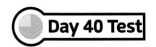 **Day 40 Test**

한글 단어 문제를 영어로 적으세요.   점수: _____

	문제	답
1	결코 ~않다	
2	바라다, 기원하다, 소원	
3	신비, 비밀, 수수께끼	
4	전체의, 총합, 합계	
5	무거운, 심한	
6	똑똑한, 영리한	
7	정말, 사실상, 실제로	
8	용감한, 용기있는	
9	모험, 도전	
10	소설, 기발한, 참신한	
11	특히, 특별히	
12	기자, 리포터	
13	최종의, 마지막의	
14	충격적인, 충격받은	
15	미끄러지다	
16	껴안다, 포옹하다, 포옹	
17	화장실, 변기	
18	음악의, 뮤지컬	
19	햇빛, 햇살	
20	목록, 명단	

♣ 테스트의 정답은 앞의 페이지의 단어를 참고하여 직접 채점해 보세요.

word puzzle

● 아래에 나오는 단어 여섯 개를 최대한 빨리 찾아 보세요.

시간기록:

m	l	c	v	l	m	p	p	c	j	n	f	y
p	y	m	a	k	d	r	z	p	t	o	f	i
b	b	s	r	j	o	z	y	p	t	o	f	i
z	o	k	t	d	t	y	p	o	c	r	x	a
v	v	g	u	e	w	t	r	z	y	c	r	l
w	u	c	k	o	r	r	e	a	l	l	y	p
w	e	r	y	z	m	y	u	q	a	g	w	p
r	a	u	t	h	n	m	k	x	x	w	x	q
m	u	k	t	e	q	o	j	s	u	g	y	c
m	r	r	e	a	x	p	b	e	v	f	w	q
e	o	n	r	v	p	o	j	n	m	u	a	a
b	u	o	p	y	p	b	j	c	n	n	f	l
p	a	j	n	c	f	l	k	y	c	k	y	m

①   예쁜   ②   시장
③   정말, 실제로   ④   신비, 비밀
⑤   무거운   ⑥   생산하다, 만들다

직접 쓰면서 암기해보세요!

arrive 동 도착하다

My bus just _____d.
내 버스가 막 도착했다.

closet 명 벽장, 옷장

This house has a huge _____.
이 집은 큰 옷장을 가지고 있다.

cross 명 십자가 동 건너다

Don't _____ the line.
그 선을 넘지 마라.

delicious 형 맛있는

Korean food is _____.
한국 음식은 맛있다.

either 부 또한, 역시

That will not work, _____.
그것 또한 작동하지 않을 것이다.

exam 명 시험, 조사

I failed the _____.
나는 그 시험을 실패했다.

exit 　　　　　　명 출구 동 나가다

Where is the _____?
출구가 어디니?

---

fantastic 　　　　　形 환상적인

The trip was _____.
그 여행은 환상적이었다.

---

far 　　　　　形 멀리, 먼 副 훨씬

My school is _____.
내 학교는 멀다.

---

forget 　　　　　動 잊다

Don't _____ it.
그것을 잊지 마.

---

guide 　　　　　명 가이드 동 안내하다

It's a _____ for Korea.
그것은 한국을 위한 안내책이다.

---

manager 　　　　명 관리인, 경영자, 매니저

The _____ is late.
매니저는 늦는다.

---

miracle 　　　　　명 기적

People wait for a _____.
사람들은 기적을 기다린다.

missing 형 실종된, 없어진, 그리운

Who is _____?
누가 없어졌니?

poor 형 가난한, 불쌍한

My _____ puppy!
내 불쌍한 강아지.

project 명 계획, 과제, 프로젝트

This _____ is impossible.
이 계획은 불가능하다.

rope 명 줄 동 묶다

Grap the _____.
줄을 잡아.

smell 명 냄새 동 냄새를 맡다

It has a bad _____.
그것은 나쁜 냄새를 가지고 있다.

someday 부 언젠가

_____, he will return.
언젠가 그는 돌아올 것이다.

view 명 견해, 관점

We have different _____s.
우리는 다른 관점들을 가지고 있다.

Check up

다음 문장들을 해석에 맞게 빈칸을 채우세요.

1. 너의 회사는 무엇을 생산하니?

   What does your company _____?

2. 매일 나에게 보고해.

   _____ to me every day.

3. 햇빛은 피부에 나쁠 수 있다.

   _____ can be bad for skin.

4. 그가 돈을 갚았니?

   Did he _____ you back?

5. 누군가 나를 따라왔다.

   Somebody _____ed me.

6. 총을 떨어뜨려.

   _____ the gun.

7. 특히 나는 그녀가 그립다.

   _____ I am missing her.

8. 모험을 떠나자.

   Let's go for an _____.

9. 그 소년은 용감하다.

   The boy is _____.

10. 그는 큰 위를 가지고 있다.

    He has a big _____.

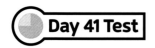

Day 41 Test

한글 단어 문제를 영어로 적으세요.   점수: _____

	문제	답
1	기적	
2	건너다, 십자가	
3	벽장, 옷장	
4	관리인, 경영자, 매니저	
5	시험, 조사	
6	프로젝트, 계획, 과제	
7	출구, 나가다	
8	줄, 로프	
9	견해, 관점	
10	잊다	
11	멀리, 먼	
12	언젠가	
13	환상적인	
14	냄새, 냄새를 맡다	
15	도착하다	
16	안내하다, 가이드	
17	맛있는	
18	실종된, 없어진	
19	또한, 역시	
20	가난한, 불쌍한	

♣ 테스트의 정답은 앞의 페이지의 단어를 참고하여 직접 채점해 보세요.

Day 42 복습하기

adventure 명 모험, 도전

Let's go for an _____.
모험을 떠나자

brave 형 용감한, 용기 있는

The boy is _____.
그 소년은 용감하다.

dead 형 죽은

Nobody is _____.
아무도 죽지 않았다.

drop 동 떨어지다, 내리다

_____ the gun.
총을 떨어뜨려.

especially 부 특히, 특별히

_____ I am missing her.
특히 나는 그녀가 그립다.

follow 동 따라가다, 따르다

Somebody _____ed me.
누군가 나를 따라왔다.

housework 몡 집안일

I finished all my _____s.
나는 모든 나의 집안일들을 끝냈다.

low 휑 낮은

The water level is _____.
물 레벨이 낮다.

pass 통 지나가다, 통과하다

_____ me the salt.
소금 좀 건네줘.

pay 통 지불하다

Did he _____ you back?
그가 돈을 갚았니?

produce 통 생산하다, 만들다, 제작하다

What does your company _____?
너의 회사는 무엇을 생산하니?

report 몡 보고 통 보고하다

_____ to me every day.
매일 나에게 보고해.

sleep 통 자다

My dog _____s under the bed.
내 개는 침대 밑에서 잔다.

stomach 　　　　　　 명 위, 배

He has a big _____.
그는 큰 위를 가지고 있다.

sunlight 　　　　　　 명 햇빛

_____ can be bad for skin.
햇빛은 피부에 나쁠 수 있다.

try 　　 동 노력하다, 시도하다 명 노력

Let me _____.
제가 시도해 볼게요.

watch 　　 명 시계 동 보다, 경계하다

This _____ is expensive.
이 시계는 비싸다.

wave 　　 명 파도, 물결 동 손을 흔들다

He _____d back.
그는 답례로 손을 흔들었다.

wear 　　　　 동 입다, 쓰다, 신다

_____ the boots.
부츠를 신어라.

wild 　　　　　　 형 야생의

_____ animals can't live long.
야생동물들은 오래 살지 못한다.

Check up

다음 문장들을 해석에 맞게 빈칸을 채우세요.

1. 이것은 큰 행사이다.

   This is a big _____.

2. 나의 기침은 멈추지 않는다.

   My _____ doesn't stop.

3. 그 아이는 골칫거리이다.

   The kid is a _____.

4. 그녀는 치과의사이다.

   She is a _____.

5. 그 박물관은 매우 오래되었다.

   The _____ is very old.

6. 그녀는 타고난 미인이다.

   She is a _____ born beauty.

7. 너는 버섯을 좋아하니?

   Do you like _____s?

8. 과거에는 내 가족은 가난했다.

   In the _____, my family was poor.

9. 이것을 냄새 맡아봐.

   _____ this.

10. 한국의 수도는 어디니?

    What is the _____ of

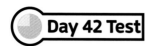

Day 42 Test

한글 단어 문제를 영어로 적으세요.　　　　점수: _____

	문제	답
1	보고, 보고하다	
2	용감한, 용감있는	
3	자다	
4	죽은	
5	야생의	
6	지불하다	
7	특히, 특별히	
8	햇빛	
9	따라가다, 따르다	
10	노력하다, 시도하다, 노력	
11	집안일	
12	보다, 경계하다, 시계	
13	낮은	
14	파도, 물결	
15	지나가다, 통과하다	
16	입다, 쓰다, 신다	
17	모험, 도전	
18	생산하다, 만들다	
19	위, 배	
20	떨어지다, 내리다	

♣ 테스트의 정답은 앞의 페이지의 단어를 참고하여 직접 채점해 보세요.

직접 쓰면서 암기해보세요 !

capital 명 수도, 대문자, 자본

What is the _____ of Korea?

한국의 수도는 어디니?

cough 명 기침 동 기침하다

My _____ doesn't stop.

나의 기침은 멈추지 않는다.

dentist 명 치과의사

She is a _____.

그녀는 치과의사이다.

event 명 행사, 사건

This is a big _____.

이것은 큰 행사이다.

far 형 멀리, 먼 부 훨씬

This is _____ difficult.

이것은 훨씬 어렵다.

freedom 명 자유

We need _____.

우리는 자유가 필요하다.

get 동 얻다, 받다, 가지다, 되다

Did you _____ a present?
너는 선물을 받았니?

headache 명 두통, 골칫거리

The kid is a _____.
그 아이는 골칫거리이다.

heavy 형 무거운, 심한

I feel _____.
나는 무겁게 느껴진다.

just 부 단지, 그냥

_____ do it.
그냥 해라.

museum 명 박물관, 미술관

The _____ is very old.
그 박물관은 매우 오래되었다.

mushroom 명 버섯

Do you like _____s?
너는 버섯을 좋아하니?

natural 형 자연의, 천연의, 타고난

She is a _____ born beauty.
그녀는 타고난 미인이다.

past 형 지나간, 과거의 명 과거

In the _____, my family was poor.
과거에는 내 가족은 가난했다.

really 부 정말, 사실상, 실제의

Are you _____ sick?
너 정말 아프니?

slide 동 미끄러지다

I can _____ down the hill.
나는 언덕을 미끄러져 내려올 수 있다.

smart 형 똑똑한, 영리한

The robot is _____.
그 로봇은 똑똑하다.

smell 명 냄새 동 냄새를 맡다

_____ this.
이것을 냄새 맡아봐.

stay 동 머무르다, 유지하다

_____ still.
가만히 있어.

wish 명 소망 동 바라다, 소망하다

You can have three _____es.
너는 세 개의 소원을 가질 수 있다.

다음 문장들을 해석에 맞게 빈칸을 채우세요.

1. 그들은 좋은 시민들이다.

   They are good _____s.

2. 그녀는 강을 건넜다.

   She _____ed the river.

3. 버섯들은 맛있다.

   Mushrooms are _____.

4. 그 가게는 여기 근처에 있다.

   The store is _____ here.

5. 나는 내 고향이 그립다.

   I am missing my _____.

6. 연습이 완벽을 만든다.

   _____ makes perfect.

7. 그들은 큰 바다에서 산다.

   They live in the big _____.

8. 그녀는 스타일이 부족하다.

   She lacks _____.

9. 그것은 서구 회사이다.

   It ls a _____ company.

10. 그것은 염가 판매 중이다.

   It's a bargain _____.

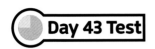

한글 단어 문제를 영어로 적으세요.   점수: _____

	문제	답
1	버섯	
2	기침, 기침하다	
3	수도, 대문자	
4	박물관, 미술관	
5	단지, 그냥	
6	소망, 소망하다	
7	자유	
8	미끄러지다	
9	똑똑한, 영리한	
10	얻다, 받다, 되다	
11	두통, 골칫거리	
12	냄새, 냄새맡다	
13	자연의, 천연의, 타고난	
14	치과의사	
15	행사, 사건	
16	지나간, 과거의, 과거	
17	무거운, 심한	
18	머무르다, 유지하다	
19	멀리, 먼, 훨씬	
20	정말, 사실상, 실제의	

♣ 테스트의 정답은 앞의 페이지의 단어를 참고하여 직접 채점해 보세요.

Day 44

background　　　　　圈 배경, 출신

His _____ is a mystery.
그의 배경은 수수께끼이다.

citizen　　　　　圈 시민, 주민

They are good _____s.
그들은 좋은시민들이다.

closet　　　　　圈 옷장

Can I see the _____?
제가 옷장을 볼 수 있을까요?

cross　　　圈 십자가 圄 건너다, 교차하다

She _____ed the river.
그녀는 강을 건넜다.

delicious　　　　　圈 맛있는

Mushrooms are _____.
버섯들은 맛있다.

drop　　　圈 하락 圄 떨어지다, 내리다

The price _____s.
가격이 떨어진다.

either   🔵 또한, 역시

I don't know, _____.
나도 역시 몰라.

fantastic   🔵 환상적인

They are _____ animals.
그들은 환상적인 동물들이다.

first   🔵 첫 번째, 첫, 최초

He got the _____ place.
그는 1등을 했다.

forget   🔵 잊다

Don't _____ me.
나를 잊지마.

hometown   🔵 고향, 마을

I am missing my _____.
나는 내 고향이 그립다.

mystery   🔵 신비, 비밀, 수수께끼

His success is a _____.
그의 성공은 수수께끼이다.

near   🔵 근처, 인접한 🔵 가까이

The store is _____ here.
그 가게는 여기 근처에 있다.

ocean 	명 바다, 해양

They live in the big _____.
그들은 큰 바다에서 산다.

practice 	명 실행, 연습 동 연습하다

_____ makes perfect.
연습이 완벽을 만든다.

rope 	명 줄 동 묶다

I _____d the box.
나는 그 박스를 묶었다.

sale 	명 판매, 매출, 세일

It's a bargain _____.
그것은 염가 판매중이다.

style 	명 방식, 양식, 스타일

She lacks _____.
그녀는 스타일이 부족하다.

sunrise 	명 일출, 해돋이

Let's go to the _____.
해돋이 보러 가자.

western 	형 서쪽의, 서부의, 서양의

It ls a _____ company.
그것은 서구 회사이다.

Check up

다음 문장들을 해석에 맞게 빈칸을 채우세요.

1. 그녀는 강을 건넜다.

   She _____ed the river.

2. 버섯들은 맛있다.

   Mushrooms are _____.

3. 가격이 떨어진다.

   The price _____s.

4. 나도 역시 몰라.

   I don't know, _____.

5. 나를 잊지마.

   Don't _____ me.

6. 그 가게는 여기 근처에 있다.

   The store is _____ here.

7. 연습이 완벽을 만든다.

   _____ makes perfect.

8. 그것은 서구 회사이다.

   It ls a _____ company.

9. 해돋이 보러 가자.

   Let's go to the _____.

10. 그들은 환상적인 동물들이다.

    They are _____ animals.

빽빽이 초중등 필수 영단어 1

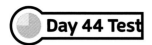

Day 44 Test

한글 단어 문제를 영어로 적으세요.　　　　점수: _____

문제	답
1　배경, 출신	
2　고향, 마을	
3　옷장	
4　근처, 인접한, 거의	
5　맛있는	
6　실행, 연습, 연습하다	
7　또한, 역시	
8　판매, 매출, 세일	
9　환상적인	
10　방식, 양식, 스타일	
11　첫 번째, 최초	
12　일출, 해돋이	
13　잊다	
14　서쪽의, 서부의	
15　시민, 주민	
16　신비, 비밀, 수수께끼	
17　십자가, 건너다	
18　바다, 해양	
19　하락, 떨어지다, 내리다	
20　줄, 묶다	

♣ 테스트의 정답은 앞의 페이지의 단어를 참고하여 직접 채점해 보세요.

직접 쓰면서 암기해보세요 !

central 〔형〕 중앙의, 중심의

This is a _____ center.
이곳이 중심센터입니다.

cough 〔명〕 기침 〔동〕 기침하다

Your _____ sounds bad.
너의 기침은 나쁘게 들린다.

degree 〔명〕 도, 학위, 등급

What _____ do you have?
너는 무슨 학위를 가지고 있니?

dentist 〔명〕 치과의사

The _____ is very kind.
그 치과의사는 매우 친절하다.

drawer 〔명〕 서랍, 보관함

Put them in the _____.
그것들을 서랍 안에 넣어라.

event 〔명〕 행사, 사건

What _____ do you plan?
너는 무슨 이벤트를 계획 중이니?

everywhere 부 대 어디서나, 모든 곳

I can see his pictures _____.
나는 그의 사진을 어디서나 볼 수 있다.

example 명 예, 모범

for _____,
예를 들어,

excuse 명 변명, 핑계

Don't make an _____.
변명하지 마.

get 동 얻다, 받다, 가지다, 되다

I'll _____ it.
내가 할게요.

grandparents 명 조부모

Where do your _____ live?
너의 조부모님은 어디에 사시니?

headache 명 두통

I have a _____.
나는 두통이 있다.

life 명 생명, 삶

My _____ is yours.
나의 생명은 너의 것이다.

museum 　　　명 박물관, 미술관

I often visit the _____.
나는 자주 박물관을 방문한다.

mushroom 　　　명 버섯

Some _____s are dangerous.
몇몇 버섯들은 위험하다.

past 　　　형 지나간, 지난 명 과거

The _____ is _____.
과거는 과거일 뿐이다.

return 　　　동 돌아오다, 복귀하다

My cat _____ed.
내 고양이는 돌아왔다.

shake 　　　동 흔들다, 악수하다

They _____ hands.
그들은 악수를 한다.

view 　　　명 견해, 관점, 전망

This house has a great _____.
이 집은 굉장한 전망을 가지고 있다.

wish 　　　명 소원 동 기원하다, 바라다

As you _____.
네가 바라는 대로.

Check up

다음 문장들을 해석에 맞게 빈칸을 채우세요.

1. 그것들을 서랍 안에 넣어라.

    Put them in the _____.

2. 예를 들어,

    for _____,

3. 내가 할게요.

    I'll _____ it.

4. 변명하지 마.

    Don't make an _____.

5. 나의 생명은 너의 것이다.

    My _____ is yours.

6. 너의 조부모님은 어디에 사시니?

    Where do your _____ live?

7. 내 고양이는 돌아왔다.

    My cat _____ed.

8. 그들은 악수를 한다.

    They _____ hands.

9. 이 집은 굉장한 전망을 가지고 있다.

    This house has a great _____.

10. 네가 바라는 대로.

    As you _____.

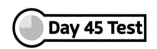

Day 45 Test

한글 단어 문제를 영어로 적으세요.   점수: _____

	문제	답
1	버섯	
2	서랍, 보관함	
3	흔들다, 악수하다	
4	예, 모범	
5	변명, 핑계	
6	견해, 관점	
7	얻다, 받다, 가지다, 되다	
8	소원, 기원하다, 바라다	
9	기침, 기침하다	
10	두통	
11	치과의사	
12	박물관, 미술관	
13	생명, 삶	
14	조부모	
15	중앙의, 중심의	
16	행사, 사건	
17	지나간, 과거	
18	어디서나, 모든 곳	
19	돌아오다, 복귀하다	
20	도, 학위, 등급	

♣ 테스트의 정답은 앞의 페이지의 단어를 참고하여 직접 채점해 보세요.

Day 41~45
word puzzle

● 아래에 나오는 단어 여섯 개를 최대한 빨리 찾아 보세요.

시간기록:

z	a	h	c	f	d	p	g	d	b	z	h	e
c	k	f	g	i	q	y	x	d	q	d	k	l
m	m	a	k	e	q	q	a	r	n	e	s	p
k	n	y	w	k	c	b	e	x	z	n	m	m
f	a	n	t	a	s	t	i	c	p	c	m	a
n	e	p	x	e	u	d	k	v	r	p	l	x
t	u	u	r	r	u	q	i	e	a	p	v	e
h	p	t	n	o	n	h	m	y	c	f	q	f
l	x	k	w	u	j	x	d	y	t	h	f	o
m	u	e	s	u	m	e	d	z	i	g	y	q
m	v	i	o	r	v	e	c	m	c	p	r	j
e	s	o	m	v	h	c	u	t	e	f	j	b
w	m	o	n	o	j	q	w	n	t	x	x

①   환상적인   ②   과제, 계획, 프로젝트
③   실행, 연습   ④   돌아오다, 복귀하다
⑤   박물관   ⑥   예, 모범

직접 쓰면서 암기해보세요 !

---

background 　　　　　명 배경, 출신

The _____ is dark.
배경이 어둡다.

---

brave 　　　　　형 용감한

They are _____ brothers.
그들은 용감한 형제들이다.

---

capital 　　　　　명 수도, 대문자, 자본

I work at the _____ company.
나는 자본회사에서 일한다.

---

citizen 　　　　　명 시민

The police protects _____s.
경찰은 시민들을 보호한다.

---

fail 　　　　　명 실패 동 실패하다

_____ is not an option.
실패는 선택사항이 아니다.

---

forget 　　　　　동 잊다

I often _____ the date.
나는 종종 날짜를 잊어버린다.

German　　　　　　명 독일어, 독일인

My girlfriend is _____.
내 여자친구는 독일인이다.

laugh　　　　　　동 웃다

Kids _____.
아이들이 웃는다.

magazine　　　　　　명 잡지

Do you read a _____?
너는 잡지를 읽니?

meeting　　　　　　명 회의, 만남

I am late for the _____.
나는 회의에 늦는다.

natural　　　　　　형 자연의, 천연의, 타고난

You are a _____ liar.
너는 타고난 거짓말쟁이다.

noise　　　　　　명 소음

What is that _____?
저 소음은 뭐지?

ocean　　　　　　명 바다, 해양

We sail the _____.
우리는 해양을 항해한다.

perfect
형 완벽한, 완전한

Everything is _____.
모든 게 완벽해.

point
명 요점, 점 동 지적하다

What is your _____?
네 요점이 뭐니?

practice
명 실행, 관행 동 연습하다

They keeps the old _____.
그들은 오래된 관습을 유지한다.

shell
명 껍질, 조개, 포탄

I found pretty _____s.
나는 예쁜 껍질들을 발견했다.

style
명 방식, 양식

They live in the old _____.
그들은 오래된 방식 속에 산다.

university
명 대학교

What _____ do you want to go?
너는 어느 대학에 가기를 원하니?

western
형 서쪽의, 서부의, 서양의

I like _____ movies.
나는 서부영화들을 좋아한다.

Check up

다음 문장들을 해석에 맞게 빈칸을 채우세요.

1. 나는 자본회사에서 일한다.

   I work at the _____ company.

2. 실패는 선택사항이 아니다.

   _____ is not an option.

3. 아이들이 웃는다.

   Kids _____.

4. 너는 잡지를 읽니?

   Do you read a _____?

5. 경찰은 시민들을 보호한다.

   The police protects _____s.

6. 배경이 어둡다.

   The _____ is dark.

7. 우리는 해양을 항해한다.

   We sail the _____.

8. 모든 게 완벽해.

   Everything is _____.

9. 너는 어느 대학에 가기를 원하니?

   What _____ do you want to go?

10. 나는 예쁜 껍질들을 발견했다.

    I found pretty _____s.

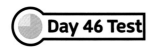

Day 46 Test

한글 단어 문제를 영어로 적으세요.　　　　　점수: _____

문제		답
1	소음	
2	용감한	
3	바다, 해양	
4	수도, 대문자, 자본	
5	연습하다, 실행, 관행	
6	잊다	
7	방식, 양식	
8	웃다	
9	대학교	
10	잡지	
11	회의, 만남	
12	서쪽이, 서부의, 서양의	
13	배경, 출신	
14	자연의, 천연의, 타고난	
15	시민	
16	완벽한, 완전한	
17	실패, 실패하다	
18	요점, 점, 지적하다	
19	독일, 독일인	
20	껍질, 조개, 포탄	

♣ 테스트의 정답은 앞의 페이지의 단어를 참고하여 직접 채점해 보세요.

Day 47

직접 쓰면서 암기해보세요!

adventure 〔명〕 모험, 도전

Kids love _____s.
아이들은 모험을 사랑한다.

ahead 〔부〕 앞서, 앞에, 미리

You go _____.
너 먼저 가.

artwork 〔명〕 미술품, 예술품

The museum has many _____s.
그 박물관은 많은 미술품들을 가지고 있다.

design 〔명〕 디자인 〔동〕 설계하다

He _____s parks.
그는 공원들을 설계한다.

drawer 〔명〕 서랍

The _____ is broken.
그 서랍은 부서졌다.

example 〔명〕 예, 본보기, 모범

She is a good _____.
그녀는 좋은 본보기이다.

fantastic 〔형〕 환상적인

Our travel will be _____.
우리 여행은 환상적일 것이다.

finally 〔부〕 마침내, 결국, 드디어

I _____ found you.
나는 마침내 너를 찾았다.

full 〔형〕 가득한, 배부른

Are you _____?
너 배부르니?

guard 〔명〕 경비원 〔동〕 보호하다

_____ your head first.
너의 머리를 먼저 보호해라.

hometown 〔명〕 고향

Is your _____ far?
너의 고향은 머니?

hurry 〔동〕 서두르다, 급하다

_____ up!
서둘러라.

lonely 〔형〕 외로운, 혼자

I am so _____.
나는 너무 외롭다.

machine　　　　　명 기계, 기구

This _____ is new.
이 기계는 새거다.

mystery　　　　명 신비, 비밀, 수수께끼

I like _____ novels.
나는 미스터리 소설을 좋아한다.

near　　　형 근처, 인접한, 거의 부 가까이

Come _____ me.
내 가까이 와.

sale　　　　　　명 판매, 매출

The special _____ is popular.
특별판매가 인기있다.

send　　　　　동 보내다, 전하다

_____ me some money.
돈 좀 보내 줘.

shake　　　　동 흔들다, 악수하다

Don't _____ the table.
탁자를 흔들지 마.

sunrise　　　　명 일출, 해돋이

Where is the best place for the _____?
해돋이에 최고의 장소는 어디니?

Check up

다음 문장들을 해석에 맞게 빈칸을 채우세요.

1. 그는 공원들을 설계한다.

   He _____s parks.

2. 그 박물관은 많은 미술품들을 가지고 있다.

   The museum has many _____s.

3. 아이들은 모험을 사랑한다.

   Kids love _____s.

4. 너 먼저 가.

   You go _____.

5. 나는 마침내 너를 찾았다.

   I _____ found you.

6. 너 배부르니?

   Are you _____?

7. 너의 머리를 먼저 보호해라.

   _____ your head first.

8. 나는 너무 외롭다.

   I am so _____.

9. 돈 좀 보내 줘.

   _____ me some money.

10. 이 기계는 새거다.

    This _____ is new.

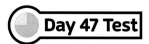 **Day 47 Test**

한글 단어 문제를 영어로 적으세요.　　　　　점수: _____

문제	답
1　디자인, 설계하다	
2　서두르다, 급하다	
3　미술품, 예술품	
4　외로운, 혼자	
5　서랍	
6　신비, 비밀, 수수께끼	
7　판매, 매출	
8　환상적인	
9　가득한	
10　흔들다, 악수하다	
11　경비원, 보호하다	
12　일출, 해돋이	
13　모험, 도전	
14　고향	
15　앞서, 앞에, 미리	
16　서두르다, 급하다	
17　예, 본보기, 모험	
18　근처, 인접한, 거의	
19　마침내, 결국, 드디어	
20　보내다, 전하다	

♣ 테스트의 정답은 앞의 페이지의 단어를 참고하여 직접 채점해 보세요.

Day 48

직접 쓰면서 암기해보세요!

break　　　　　명 휴식 동 깨다, 부수다

I need a _____.
나는 휴식이 필요하다.

both　　　　　한 대 둘다, 양쪽의

_____ of them are important.
그들 둘 다 중요하다.

central　　　　　형 중앙의, 중심의

Where is the _____ Seoul?
서울 중심이 어디이니?

classmate　　　　　명 반 친구, 급우

I have 6 _____s.
나는 여섯 명의 반 친구가 있다.

degree　　　　　명 도, 학위, 등급

What _____ is it?
그것은 몇도이니?

especially　　　　　부 특히, 특별히, 더욱

This is _____ rare.
이것은 특히 희귀하다.

event 　　　　　 명 행사, 사건

There are no _____s.
이벤트들이 없다.

everywhere 　　　 부 어디나, 모든 곳

He follows me _____.
그는 어디나 나를 따라온다.

excuse 　　　　 명 변명, 핑계

There is no _____.
변명의 여지가 없다.

exit 　　　　 명 출구 동 나가다

This _____ is closed.
이 출구는 닫혔다.

health 　　　　　 명 건강

Her _____ is quite good.
그녀의 건강은 꽤나 좋다.

life 　　　 명 생명, 삶, 목숨

He saved her _____.
그는 그녀의 목숨을 구했다

live 　　　 동 살다 형 생방송의

Where do you _____?
너 어디에 사니?

museum　　　　🅟 박물관, 미술관

This _____ is very small.
이 박물관은 매우 작다.

nature　　　　🅟 자연, 본성, 특성

_____ is a mystery.
자연은 신비하다.

purse　　　　🅟 지갑, 가방

I left my _____ in the cafe.
나는 내 지갑을 카페에 두었다.

sit　　　　🅥 앉다, 착석하다

_____ down.
앉아라.

suddenly　　　　🅐 갑자기, 순식간에

He _____ showed up.
그는 갑자기 나타났다.

sunshine　　　　🅟 햇빛, 햇살

_____ feels cozy.
햇살이 포근하게 느껴진다.

tough　　　　🅗 힘든, 강한, 어려운, 거친

His life is _____.
그의 삶은 어렵다.

Check up

다음 문장들을 해석에 맞게 빈칸을 채우세요.

1. 그들 둘 다 중요하다.

   _____ of them are important.

2. 그것은 몇 도이니?

   What _____ is it?

3. 서울 중심이 어디이니?

   Where is the _____ Seoul?

4. 그는 어디나 나를 따라온다.

   He follows me _____.

5. 그녀의 건강은 꽤나 좋다.

   Her _____ is quite good.

6. 자연은 신비하다.

   _____ is a mystery.

7. 나는 내 지갑을 카페에 두었다.

   I left my _____ in the cafe.

8. 그는 갑자기 나타났다.

   He _____ showed up.

9. 그의 삶은 어렵다.

   His life is _____.

10. 나는 휴식이 필요하다.

    I need a _____.

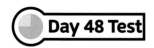

Day 48 Test

한글 단어 문제를 영어로 적으세요.

점수: _____

	문제	답
1	건강	
2	휴식, 깨다, 부수다	
3	도, 학위, 등급	
4	자연, 본성	
5	특히, 특별히	
6	지갑, 가방	
7	어디서나, 모든 곳	
8	갑자기, 순식간에	
9	변명, 핑계	
10	햇빛, 햇살	
11	출구, 나가다	
12	힘든, 강한, 어려운, 거친	
13	둘 다, 양쪽의	
14	생명, 삶, 목숨	
15	중앙의, 중심의	
16	살다, 생방송의	
17	박물관, 미술관	
18	반 친구, 급우	
19	행사, 사건	
20	앉다, 착석하다	

♣ 테스트의 정답은 앞의 페이지의 단어를 참고하여 직접 채점해 보세요.

빽빽이 초중등 필수 영단어 1

직접 쓰면서 암기해보세요!

adventure 　　　　　명 모험, 도전

Life is an _____.
인생은 모험이다.

---

cough 　　　　　명 기침 동 기침하다

I can't stop _____ing.
나는 기침을 멈출 수 없다.

---

design 　　　　　명 디자인 동 설계하다

She _____s pants.
그녀는 바지를 디자인한다.

---

delicious 　　　　　형 맛있는

What is _____ here?
여기는 무엇이 맛있니?

---

far 　　　　　형 먼 부 훨씬

You went too _____.
너는 너무 심했어.

---

finally 　　　　　부 마침내, 결국, 드디어

_____, they got married.
마침내 그들은 결혼했다.

---

headache   명 두통

My _____ is killing me.
내 두통이 날 죽이는 것 같아.

heavy   명 무거운, 심한

He is a _____ user.
그는 심한 사용자이다.

hurry   명 서두름 동 서두르다

I am in a _____.
나는 서두른다.

laugh   명 웃음 동 웃다

They _____ed loudly.
그들은 시끄럽게 웃었다.

lonely   형 외로운, 혼자

Love is _____.
사랑은 외롭다.

manager   명 관리인, 경영자

The _____ fired him.
매니저는 그를 해고했다.

miracle   명 기적

People wish a _____.
사람들은 기적을 소망한다.

noise　　　　　　　명 소음

Where is the _____ coming from?
저 소음은 어디에서 나오지?

past　　　　형 지나간, 지난 명 과거

The _____ becomes history.
과거는 역사가 된다.

perfect　　　　　　형 완벽한, 완전한

He is a _____ manager.
그는 완벽한 관리자다.

rope　　　　　　명 줄 동 묶다

He is holding the _____.
그는 밧줄을 잡고 있는 중이다.

point　　　　명 요점, 점 동 지적하다

He _____s out the problems.
그는 문제들을 지적한다.

slide　　　　　　동 미끄러지다

A monkey _____s down the tree.
원숭이는 나무를 미끄러져 내렸다.

view　　　　　명 견해, 관점, 전망

What a _____!
굉장한 전망이다.

Check up

다음 문장들을 해석에 맞게 빈칸을 채우세요.

1. 나는 서두른다.

   I am in a _____.

2. 사랑은 외롭다.

   Love is _____.

3. 저 소음은 어디에서 나오지?

   Where is the _____ coming from?

4. 그는 완벽한 관리자다.

   He is a _____ manager.

5. 그는 문제들을 지적한다.

   He _____s out the problems.

6. 원숭이는 나무를 미끄러져 내렸다.

   A monkey _____s down the tree.

7. 마침내 그들은 결혼했다.

   _____, they got married.

8. 인생은 모험이다.

   Life is an _____.

9. 여기는 무엇이 맛있니?

   What is _____ here?

10. 너는 너무 심했어.

    You went too _____.

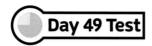

Day 49 Test

한글 단어 문제를 영어로 적으세요.　　　　점수: _____

	문제	답
1	관리인, 경영자	
2	모험, 도전	
3	소음	
4	맛있는	
5	지나간, 지난, 과거	
6	먼, 훨씬	
7	요점, 점, 지적하다	
8	무거운, 심한	
9	두통	
10	줄, 묶다	
11	서두르다	
12	미끄러지다	
13	웃다, 웃음	
14	견해, 관점, 전망	
15	기침, 기침하다	
16	외로운, 혼자	
17	기적	
18	디자인, 설계하다	
19	마침내, 결국, 드디어	
20	완벽한, 완전한	

♣ 테스트의 정답은 앞의 페이지의 단어를 참고하여 직접 채점해 보세요.

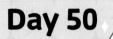

Day 50

직접 쓰면서 암기해보세요 !

ahead   甼 앞서, 앞에, 미리

He is way _____ of me.
그는 나보다 훨씬 앞서있다.

coast   명 해안, 해변

The _____ is clear
들킬 염려가 없다.

danger   명 위험, 위기

They are in _____.
그들은 위험하다.

dentist   명 치과의사

She married a _____.
그녀는 치과의사와 결혼했다.

example   명 예, 본보기, 모범

Give me an _____.
예를 들어 봐.

finish   동 끝내다, 마치다

I _____ at 6p.m.
나는 6시에 끝나.

full   형 가득 찬

It's a _____ moon tonight.
오늘 밤은 보름달이다.

guard   명 경비원 동 보호하다

We hired a few _____s.
우리는 몇 명 경비원들을 고용했다.

honest   형 정직한

My children are _____.
내 아이들은 정직하다.

inside   전 부 안에, 내부, 안쪽

Go _____ your room.
네 방 안으로 들어가.

laugh   명 웃음 동 웃다

He _____s at me.
그는 나를 비웃는다.

machine   명 기계, 기구

The _____ is not cheap.
그 기계는 싸지 않다.

person   명 사람, 개인

She is not a bad _____.
그녀는 나쁜 사람이 아니야.

possible
[형] 가능한, 할 수 있는

Is it _____?
그거 가능할까?

press
[명] 언론, 기자 **[동]** 누르다, 강요하다

_____ the leg hard.
다리를 힘껏 눌러.

purse
[명] 지갑, 가방

I found my _____ empty.
나는 내 지갑이 빈 것을 발견했다.

return
[동] 돌아오다, 복귀하다

My dad will _____ soon.
내 아빠는 곧 돌아올 거다.

send
[동] 보내다, 전하다

What did you _____?
너는 무엇을 보냈니?

store
[명] 가게, 상점 **[동]** 저장하다

What _____ do you own?
너는 무슨 가게를 소유하고 있니?

weed
[명] 잡초 **[동]** 제거하다

Get rid of _____s.
잡초를 제거해.

Check up

다음 문장들을 해석에 맞게 빈칸을 채우세요.

1. 들킬 염려가 없다.

   The _____ is clear.

2. 그들은 위험하다.

   They are in _____.

3. 오늘 밤은 보름달이다.

   It's a _____ moon tonight.

4. 내 아이들은 정직하다.

   My children are _____.

5. 네 방 안으로 들어가.

   Go _____ your room.

6. 그거 가능할까?

   Is it _____?

7. 그녀는 나쁜 사람이 아니야.

   She is not a bad _____.

8. 너는 무슨 게를 소유하고 있니?

   What store do you own?

9. 잡초를 제거해.

   Get rid of _____s.

10. 나는 내 지갑이 빈 것을 발견했다.

    I found my _____ empty.

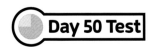

Day 50 Test

한글 단어 문제를 영어로 적으세요.　　　　점수: _____

문제	답
1　앞에, 앞서, 미리	
2　웃음, 웃다	
3　해안, 해변	
4　기계, 기구	
5　치과의사	
6　가능한, 할 수 있는	
7　예, 본보기, 모범	
8　언론, 기자, 누르다	
9　지갑, 가방	
10　끝내다, 마치다	
11　가게, 상점, 저장하다	
12　정직한	
13　내부, 안쪽	
14　잡초, 제거하다	
15　사람, 개인	
16　위험, 위기	
17　가득 찬, 배부른	
18　돌아오다, 복귀하다	
19　보내다, 전하다	
20　경비원, 보호하다	

♣ 테스트의 정답은 앞의 페이지의 단어를 참고하여 직접 채점해 보세요.

● 아래에 나오는 단어 여섯 개를 최대한 빨리 찾아 보세요.

시간기록:

f	w	n	h	n	h	b	s	x	h	g	x	l
p	i	g	k	u	b	v	u	p	m	o	n	o
e	v	n	w	h	e	m	o	z	d	z	k	e
r	v	q	i	t	n	s	i	l	x	f	r	x
f	v	x	q	s	l	h	c	i	j	u	j	t
e	d	c	j	i	h	g	i	e	t	g	f	x
c	d	y	d	s	n	h	l	n	t	q	z	l
t	y	e	d	a	n	g	e	r	r	k	b	y
l	s	o	i	x	w	v	d	j	y	g	e	z
a	z	t	f	x	d	o	p	a	w	l	o	c
j	o	l	v	a	r	l	k	q	t	n	q	k
f	o	p	r	w	k	h	u	x	v	h	y	t
s	g	n	q	v	j	m	t	q	e	g	v	x

① 맛있는
② 모험
③ 위험, 위기
④ 끝내다, 마치다
⑤ 완벽한, 완전한
⑥ 미끄러지다

Day 51

직접 쓰면서 암기해보세요 !

ask 　　　　 동 질문, 묻다, 질문하다

_____ anything.
어떤 것도 물어봐.

believe 　　　　 동 믿다

I don't _____ it.
나는 그것을 믿지 않아.

both 　　　　 한 대 둘 다, 양쪽의

I like _____ of them.
나는 그들 둘 다 좋아한다.

break 　　　　 명 휴식 동 깨다, 부수다

Did you _____ this?
네가 이것을 부쉈니?

classmate 　　　　 명 급우, 반 친구

She is my _____.
그녀는 내 반 친구야.

dislike 　　　　 명 싫어함 동 싫어하다

He _____s animals.
그는 동물들을 싫어한다.

fail 명 실패 동 실패하다

She _____ed the test.
그녀는 그 시험을 실패했다.

gentleman 명 신사

He is not a _____.
그는 신사가 아니다.

health 명 건강

Milk is good for _____.
우유는 건강에 좋다.

hurry 동 서두르다, 급하다

There is no _____.
급할 것 없다.

live 동 살다 형 생방송의

This is a _____ show.
이것은 생방송 쇼이다.

only 형 부 유일한, 오직

I am an _____ child.
나는 유일한 아이다.

perfect 형 완벽한, 완전한

Nobody is _____.
아무도 완벽하지 않다.

sit 　　　　　　　　　 동 앉다, 착석하다

You can _____ by me.
너는 내 옆에 앉을 수 있다.

smoke 　　명 흡연, 연기 동 담배를 피우다

Don't _____ here.
여기서 담배 피우지 마라.

suddenly 　　　　　　 부 갑자기, 순식간에

_____ he disappeared.
갑자기 그는 사라졌다.

sunset 　　　　　　　 명 일몰, 해질녘

The _____ is beautiful.
일몰은 아름답다.

while 　　접 ~동안에, 반면에 명 동안

For a _____
한동안

without 　　　　　전 ~없이, ~하지 않고

We can't cook _____ fire.
우리는 불 없이 요리할 수 없다.

worry 　　　명 염려 동 걱정하다, 우려하다

Don't _____.
걱정 마라

Check up

다음 문장들을 해석에 맞게 빈칸을 채우세요.

1. 그녀는 내 반 친구야.

   She is my _____.

2. 그는 동물들을 싫어한다.

   He _____s animals.

3. 그는 신사가 아니다.

   He is not a _____.

4. 나는 유일한 아이다.

   I am an _____ child.

5. 너는 내 옆에 앉을 수 있다.

   You can _____ by me.

6. 여기서 담배 피우지 마라.

   Don't _____ here.

7. 갑자기 그는 사라졌다.

   _____ he disappeared.

8. 걱정 마라.

   Don't _____.

9. 우리는 불 없이 요리할 수 없다.

   We can't cook _____ fire.

10. 한동안

   For a _____

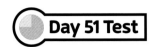

Day 51 Test

한글 단어 문제를 영어로 적으세요.

점수: _____

	문제	답
1	믿다	
2	유일한, 오직	
3	휴식, 깨다, 부수다	
4	앉다, 착석하다	
5	흡연, 연기, 담배를 피우다	
6	급우, 반 친구	
7	질문, 묻다, 질문하다	
8	살다, 생방송의	
9	서두르다, 급하다	
10	염려, 걱정하다, 우려하다	
11	~없이, ~하지 않고	
12	건강	
13	신사	
14	~동안에, 반면에	
15	실패, 실패하다	
16	일몰, 해질녘	
17	갑자기, 순식간에	
18	싫어하다, 싫어함	
19	좋다, 양쪽의	
20	완벽한, 완전한	

♣ 테스트의 정답은 앞의 페이지의 단어를 참고하여 직접 채점해 보세요.

Day 52

artwork 명 예술품, 미술품

He has many _____s.
그는 많은 예술품들을 가지고 있다.

break 명 휴식 동 깨다, 부수하다

He _____s promises.
그는 약속들을 깬다.

bright 형 밝은, 빛나는, 영리한

The moon is _____.
달이 밝다.

build 동 짓다, 세우다

What do you _____?
너는 무엇을 짓니?

coast 명 해안, 해변

This _____ is dirty.
이 해변은 더럽다.

danger 명 위험, 위기

Avoid _____.
위험을 피해라.

finish
동 마치다, 끝내다

I can't _____ in time.
나는 시간 안에 끝낼 수 없다.

ghost
명 유령

There is no _____.
유령은 없다.

insect
명 곤충, 벌레

Don't kill _____s.
곤충들을 죽이지 마.

inside
전 내부, 안쪽

People live _____ tents.
사람들은 텐트 안에서 산다.

lock
명 자물쇠 **동** 잠그다, 닫다

_____ the door.
문을 잠가라.

nature
명 자연, 본성, 특성

_____ is dangerous.
자연은 위험하다.

possible
형 가능한, 할 수 있는

Is it _____?
그게 가능해?

price 명 가격

The _____ is low.
가격이 낮다.

rest 명 휴식, 나머지 동 쉬다

_____ here.
여기서 쉬어라.

seafood 명 해산물

Do you like _____?
해산물 좋아해?

solar 형 태양의

This is a _____ panel.
이것은 태양 전지판이다.

store 명 가게, 상점 동 저장하다

The _____ is popular.
그 가게는 인기가 있다.

surprised 형 놀란

Are you _____?
너 놀랐니?

tough 형 힘든, 어려운, 강한, 거친

Nature is _____.
자연은 어렵다.

다음 문장들을 해석에 맞게 빈칸을 채우세요.

1. 너는 무엇을 짓니?

   What do you _____?

2. 나는 시간 안에 끝낼 수 없다.

   I can't _____ in time.

3. 유령은 없다.

   There is no _____.

4. 문을 잠가라.

   _____ the door.

5. 가격이 낮다.

   The _____ is low.

6. 해산물 좋아해?

   Do you like _____?

7. 너 놀랐니?

   Are you _____?

8. 이것은 태양 전지판이다.

   This is a _____ panel.

9. 그 가게는 인기가 있다.

   The _____ is popular.

10. 자연은 위험하다.

    _____ is dangerous.

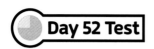

Day 52 Test

한글 단어 문제를 영어로 적으세요.　　　　점수: _____

	문제	답
1	가능한, 할 수 있는	
2	밝은, 빛나는, 영리한	
3	가격	
4	짓다, 세우다	
5	해산물	
6	위험, 위기	
7	가게, 상점, 저장하다	
8	유령	
9	놀란	
10	곤충, 벌레	
11	힘든, 어려운, 강한, 거친	
12	내부, 안쪽	
13	마치다, 끝내다	
14	태양의	
15	휴식, 쉬다, 나머지	
16	해안, 해변	
17	휴식, 깨다, 부수하다	
18	자연, 본성, 특성	
19	자물쇠, 잠그다, 닫다	
20	예술품, 미술품	

♣ 테스트의 정답은 앞의 페이지의 단어를 참고하여 직접 채점해 보세요.

Day 53

직접 쓰면서 암기해보세요 !

among 전 ~중에, ~가운데에

He is popular _____ kids.
그는 아이들 중에 인기있다.

bike 명 자전거

I need a new _____.
나는 새 자전거가 필요해.

dive 명 잠수 동 잠수하다, 뛰어들다

Don't _____ here.
여기서 잠수하지 마.

exercise 명 운동, 연습, 훈련 동 운동하다

Do you do _____?
너 운동하니?

finally 부 마침내, 결국, 드디어

_____ they arrived.
마침내 그들은 도착했다.

health 명 건강

This is a _____ issue.
이것은 건강 문제이다.

honey   명 꿀

_____ is sweet.
꿀은 달다.

lonely   형 외로운, 혼자, 고독한

He is a _____ man.
그는 외로운 남자이다.

nickname   명 별명

Do you have a _____?
너는 별명이 있니?

person   명 사람, 개인

What kind of _____ is he?
그는 어떤 종류의 사람이니?

sad   형 슬픈

The movie is _____.
그 영화는 슬프다.

slim   형 날씬한, 호리호리한

They are _____.
그들은 날씬하다.

smoke   명 흡연, 연기 동 담배를 피우다

Is this a _____ alarm?
이거 연기경보기이니?

snow 　　　　명 눈 동 눈이 내리다

It _____s.
눈이 내린다.

sock 　　　　　명 양말

I will buy new _____s.
나는 새 양말을 살 것이다.

sweet 　　　　　형 달콤한

The water is _____.
그 물은 달콤하다.

weed 　　　명 잡초 동 제거하다

The garden is full of _____s.
정원은 잡초로 가득 차 있다.

while 　　접 ~동안에, 반면에 명 동안

_____ I am sleeping
내가 잠든 동안에

without 　　　　전 ~없이

_____ money, Life is tough.
돈 없이 인생은 힘들다.

worry 　　　명 염려 동 걱정하다

Don't _____ about me.
나에 대해 걱정 마.

Check up

다음 문장들을 해석에 맞게 빈칸을 채우세요.

1. 너 운동하니?

   Do you do _____?

2. 꿀은 달다.

   _____ is sweet.

3. 너는 별명이 있니?

   Do you have a _____?

4. 그는 아이들 중에 인기있다.

   He is popular _____ kids.

5. 여기서 잠수하지 마.

   Don't _____ here.

6. 그들은 날씬하다.

   They are _____.

7. 나는 새 양말을 살 것이다.

   I will buy new _____s.

8. 그 물은 달콤하다.

   The water is _____.

9. 눈이 내린다.

   It _____s.

10. 나는 새 자전거가 필요해.

   I need a new _____.

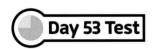 **Day 53 Test**

한글 단어 문제를 영어로 적으세요.　　　　점수: _____

	문제	답
1	슬픈	
2	~중에, ~가운데에	
3	흡연, 연기, 담배를 피우다	
4	잠수, 잠수하다, 뛰어들다	
5	마침내, 결국, 드디어	
6	양말	
7	잡초, 제거하다	
8	꿀	
9	별명	
10	~동안에, 반면에	
11	염려, 걱정하다	
12	사람, 개인	
13	날씬한, 호리호리한	
14	자전거	
15	운동, 훈련, 연습	
16	눈, 눈이 내리다	
17	달콤한	
18	건강	
19	~없이	
20	외로운, 고독한, 혼자	

♣ 테스트의 정답은 앞의 페이지의 단어를 참고하여 직접 채점해 보세요.

add 통 더하다, 추가하다

_____ all numbers.
모든 숫자를 더해라.

agree 통 동의하다, 합의하다

I don't _____ on it.
나는 그것을 동의하지 않아.

ask 통 묻다, 질문하다

Did you _____ something?
너는 뭘 물었니?

believe 통 믿다, 신뢰하다

You must _____ me.
너는 나를 믿어야 한다.

charming 형 매력적인, 멋진

She is _____.
그녀는 매력적이다.

dislike 통 싫어하다

The old man _____s everybody.
그 노인은 모두를 싫어한다.

garbage
명 쓰레기

That is _____.
그것은 쓰레기다.

gentleman
명 신사

The _____ is here.
신사가 여기에 있다.

hike
명 등산, 하이크 동 등산을 하다

I like to _____.
나는 등산하는 것을 좋아한다.

introduce
동 소개하다, 도입하다

Can I _____ my friend?
내 친구를 소개해도 될까?

Italian
명 이탈리아인 형 이탈리아의

He is a typical _____.
그는 전형적인 이탈리아인이다.

machine
명 기계

We have to fix the _____.
우리는 그 기계를 고쳐야 한다.

member
명 회원, 구성원

She is a _____ of a book club.
그녀는 독서클럽의 회원이다.

nature   명 자연, 본성, 특성

We love _____.
우리는 자연을 부른다.

only   형 오직, 유일한 부 오직

I _____ met him once.
나는 그를 오직 한번만 만났다.

possible   형 가능한

The plan is not _____.
그 계획은 불가능하다.

purse   명 지갑, 가방

The _____ is made in Korea.
그 지갑은 한국산이다.

simple   형 단순한, 간단한

It is not that _____.
그건 그렇게 단순하지 않다.

sunset   명 일몰, 해질녘

What time is the _____?
일몰은 몇시이니?

tour   명 관광, 여행

I am a _____ guide.
나는 관광 안내원이다.

Check up

다음 문장들을 해석에 맞게 빈칸을 채우세요.

1. 나는 그것을 동의하지 않아.

   I don't _____ on it.

2. 너는 나를 믿어야 한다.

   You must _____ me.

3. 그것은 쓰레기다.

   That is _____.

4. 나는 등산하는 것을 좋아한다.

   I like to _____.

5. 내 친구를 소개해도 될까?

   Can I _____ my friend?

6. 그녀는 독서클럽의 회원이다.

   She is a _____ of a book club.

7. 그 계획은 불가능하다.

   The plan is not _____.

8. 그건 그렇게 단순하지 않다.

   It is not that _____.

9. 나는 관광 안내원이다.

   I am a _____ guide.

10. 그녀는 매력적이다.

   She is _____.

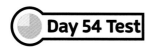 **Day 54 Test**

한글 단어 문제를 영어로 적으세요.　　　점수: _____

문제	답
1　이탈리아인, 이탈리아의	
2　더하다, 추가하다	
3　회원, 구성원	
4　묻다, 질문하다	
5　관광, 여행	
6　소개하다, 도입하다	
7　등산, 하이크	
8　일몰, 해질녘	
9　단순한, 간단한	
10　신사	
11　쓰레기	
12　지갑, 가방	
13　가능한	
14　싫어하다	
15　매력적인, 멋진	
16　오직, 유일한	
17　자연, 본성, 특성	
18　믿다, 신뢰하다	
19　동의하다, 합의하다	
20　기계	

♣ 테스트의 정답은 앞의 페이지의 단어를 참고하여 직접 채점해 보세요.

직접 쓰면서 암기해보세요 !

among　　　　전 ~중에, ~가운데

There is a spy _____ us.
우리 중에 첩자가 있다.

believe　　　　동 믿다

I _____ in people.
나는 사람들을 믿는다.

both　　　　명 둘 다, 양쪽에

_____ of you are wrong.
너희 둘 다 틀렸어.

bright　　　　형 밝은, 빛나는, 영리한

He is a _____ kid.
그는 영리한 아이다.

build　　　　동 짓다, 세우다

We _____ the future.
우리는 미래를 세운다.

grandparents　　　　명 조부모

My _____ live in the country.
내 조부모는 시골에 산다.

insect   명 곤충

I collect _____s.
나는 곤충들을 수집한다.

magazine   명 잡지

_____s are not popular.
잡지들은 인기가 없다.

natural   형 자연의, 타고 난

He is a _____ born actor.
그는 타고난 배우이다.

practice 명 실행, 연습, 관행 동 연습하다

We need more _____.
우리는 더 많은 연습이 필요하다.

press   명 언론, 기자 동 누르다

We are from the _____.
우리는 언론사에서 왔다.

price   명 가격

The _____ goes up.
가격이 오른다.

rest   명 휴식, 나머지 동 쉬다

The _____ of you stay here.
너희들 나머지는 여기서 머물러.

seafood 　　　　　　명 해산물

I am allergic to _____.
나는 해산물에 알러지가 있다.

shell 　　　　　　명 껍질, 조개, 포탄

It has hard _____s.
그것은 단단한 껍질을 하다.

solar 　　　　　　형 태양의

_____ system.
태양계.

suddenly 　　　　　　부 갑자기, 느닷없이

She cried _____.
그녀는 갑자기 울었다.

surprised 　　　　　　형 놀란

Are you _____?
너 놀랐어?

university 　　　　　　명 대학

She goes to _____.
그녀는 대학에 다닌다.

worry 　　　　　　명 염려 동 걱정하다

No need to _____.
걱정할 필요가 없다.

Check up

다음 문장들을 해석에 맞게 빈칸을 채우세요.

1. 그는 영리한 아이다.

   He is a _____ kid.

2. 나는 곤충들을 수집한다.

   I collect _____s.

3. 우리는 더 많은 연습이 필요하다.

   We need more _____.

4. 그녀는 대학에 다닌다.

   She goes to _____.

5. 걱정할 필요가 없다.

   No need to _____.

6. 잡지들은 인기가 없다.

   _____s are not popular.

7. 너희 둘 다 틀렸어.

   _____ of you are wrong.

8. 우리는 미래를 세운다.

   We _____ the future.

9. 우리 중에 첩자가 있다.

   There is a spy _____ us.

10. 내 조부모는 시골에 산다.

    ]My _____ live in the country.

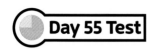

Day 55 Test

한글 단어 문제를 영어로 적으세요.   점수: _____

	문제	답
1	껍질, 조개, 포탄	
2	짓다, 세우다	
3	태양의	
4	조부모	
5	곤충	
6	갑자기, 느닷없이	
7	자연의, 타고난	
8	대학	
9	염려, 걱정하다	
10	실행, 관행, 연습하다	
11	~중에, ~가운데	
12	언론, 기자, 누르다	
13	가격	
14	믿다	
15	휴식, 나머지, 쉬다	
16	둘 다, 양쪽에	
17	밝은, 빛나는	
18	해산물	
19	잡지	
20	놀란	

♣ 테스트의 정답은 앞의 페이지의 단어를 참고하여 직접 채점해 보세요.

Day 51~55
word puzzle

● 아래에 나오는 단어 여섯 개를 최대한 빨리 찾아 보세요.

시간기록:

t	s	u	p	k	j	z	k	e	y	d	v	c
a	x	j	h	a	q	s	c	s	b	x	x	u
v	e	x	n	l	a	u	y	i	w	e	n	s
z	r	l	t	c	q	r	u	c	c	i	o	y
y	p	q	b	f	b	p	a	r	v	p	e	y
x	s	y	x	i	h	r	n	e	k	p	l	d
t	r	y	k	a	s	i	r	x	g	l	v	i
p	l	v	s	t	v	s	n	e	a	z	i	o
w	g	n	u	r	i	e	o	n	w	b	w	v
n	i	r	q	t	q	d	i	p	q	j	q	l
c	a	c	y	o	a	f	k	j	m	u	g	t
d	l	i	u	b	a	c	u	o	d	v	p	p
b	k	q	p	r	l	i	j	s	v	y	y	u

①   놀란   ②   대학
③   짓다   ④   가능한
⑤   운동, 훈련, 운동하다   ⑥   마침내

직접 쓰면서 암기해보세요 !

among　　　전 ~중에, ~가운데에

A cat _____ dogs.
개들 중에 고양이

beat　　　동 때리다, 이기다

Let's _____ them.
그들을 이기자.

bike　　　명 자전거

My _____ is old.
내 자전거는 오래되었다.

build　　　명 짓다, 세우다

We _____ the city.
우리는 도시를 짓는다.

danger　　　명 위험

A stranger is _____
낯선 사람은 위험이다.

dive　　　명 잠수하다, 뛰어들다

A duck _____s in the water.
오리가 물속에 잠수한다.

exercise 명 운동, 연습 통 운동하다

You need to _____.
너는 운동하는 게 필요하다.

finish 통 마치다, 끝내다

_____ this first.
먼저 이것을 끝내라

ghost 명 유령

Do you believe in _____s?
너는 유령을 믿니?

inside 전 안에, 내부

There is nothing _____.
내부에 아무것도 없다.

interest 명 흥미, 관심, 이자

_____ rates are high.
이자율이 높다.

meal 명 식사, 끼

She eats only one _____.
그녀는 오직 한 끼만 먹는다.

nephew 명 남자 조카

They are my _____s.
그들은 나의 조카다.

plate
명 접시, 그릇

The _____ is dirty.
그 접시는 더럽다.

powerful
형 힘있는, 강력한

He is _____.
그는 강력하다.

pull
동 당기다, 끌다

Don't push, _____.
밀지 말고 당겨.

role
명 역할, 배역

What _____ do you play?
너는 무슨 역할을 하니?

supper
명 저녁 식사

What time is _____?
저녁 식사가 몇시죠?

surprise
명 놀람 **동** 놀라게 하다

_____ me.
날 놀라게 해봐.

while
접 ~동안에, 반면에 **명** 동안

_____ it's raining, stay inside.
비 오는 동안 안에 머물러라.

Check up

다음 문장들을 해석에 맞게 빈칸을 채우세요.

1. 그들을 이기자.

   Let's _____ them.

2. 먼저 이것을 끝내라

   _____ this first.

3. 이자율이 높다.

   _____ rates are high.

4. 그들은 나의 조카다.

   They are my _____s.

5. 저녁 식사가 몇시죠?

   What time is _____?

6. 날 놀라게 해봐.

   _____ me.

7. 너는 무슨 역할을 하니?

   What _____ do you play?

8. 밀지 말고 당겨.

   Don't push, _____.

9. 그는 강력하다.

   He is _____.

10. 그녀는 오직 한 끼만 먹는다.

    She eats only one _____.

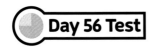 **Day 56 Test**

한글 단어 문제를 영어로 적으세요.   점수: _____

	문제	답
1	남자, 조카	
2	자전거	
3	식사, 끼	
4	때리다, 이기다	
5	흥미, 관심, 이자	
6	~중에, ~가운데에	
7	힘 있는, 강력한	
8	위험	
9	당기다, 끌다	
10	잠수하다, 뛰어들다	
11	역할, 배역	
12	운동, 연습, 운동하다	
13	놀라게 하다, 놀람	
14	유령	
15	마치다, 끝내다	
16	저녁식사	
17	~동안에, 반면에	
18	안에, 내부	
19	짓다, 세우다	
20	접시, 그릇	

♣ 테스트의 정답은 앞의 페이지의 단어를 참고하여 직접 채점해 보세요.

Day 57

able 　　　　　 형 ~할 수 있는, 유능한

He is _____ to teach English.
그는 영어를 가르칠 수 있다.

ask 　　　　　 동 묻다, 질문하다

Can I _____ you a favor?
부탁해도 돼?

begin 　　　　　 동 시작하다

The game _____s.
게임이 시작된다.

coast 　　　　　 명 해안

The ship sails from _____ to _____
그 배는 해안에서 해안으로 항해한다.

curly 　　　　　 형 곱슬곱슬한

She has _____ hair.
그녀는 곱슬한 머리카락을 가지고 있다.

decorate 　　　　　 동 장식하다

She _____s her room.
그녀는 그녀의 방을 장식한다.

elementary   형 초등의, 기본의, 기초의

The _____ school.
초등학교.

enough   한 부 충분한

That's _____.
그거면 충분해.

finish   명 마치다, 끝내다

_____ him.
그를 끝내라.

honey   명 꿀, 여보

I love _____.
나는 꿀을 사랑한다.

item   명 아이템, 물품

This _____ is popular.
이 물품은 인기있다.

lock   명 자물쇠 동 잠그다

The door _____ is broken.
문 자물쇠가 고장났어.

loud   형 시끄러운

My friend is _____.
내 친구는 시끄러워.

nickname
명 별명

His _____ is funny.
그의 별명은 웃겨.

sad
형 슬픈

His song is _____.
그의 노래는 슬퍼.

slim
형 날씬한

My dog is not _____.
내 개는 날씬하지 않다.

slow
형 느린

I am _____.
나는 느리다.

sock
명 양말

Where are new _____s?
새 양말이 어디 있니?

some
한 일부, 약간, 몇몇 대 몇

_____ are sick.
몇몇은 아프다.

without
전 ~없이

We can't see _____ light.
우리는 빛없이 볼 수 없다.

Check up

다음 문장들을 해석에 맞게 빈칸을 채우세요.

1. 게임이 시작된다.

   The game _____s.

2. 그녀는 그녀의 방을 장식한다.

   She _____s her room.

3. 초등학교.

   The _____ school.

4. 나는 꿀을 사랑한다.

   I love _____.

5. 몇몇은 아프다.

   _____ are sick.

6. 문 자물쇠가 고장났어.

   The door _____ is broken.

7. 내 친구는 시끄러워.

   My friend is _____.

8. 그거면 충분해.

   That's _____.

9. 그녀는 곱슬한 머리카락을 가지고 있다.

   She has _____ hair.

10. 그는 영어를 가르칠 수 있다.

    He is _____ to teach English.

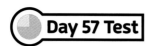

Day 57 Test

한글 단어 문제를 영어로 적으세요.　　　　점수: _____

	문제	답
1	묻다, 질문하다	
2	잠그다, 자물쇠	
3	별명	
4	해안	
5	곱슬곱슬한	
6	슬픈	
7	날씬한	
8	장식하다	
9	양말	
10	충분한	
11	초등의, 기초의, 기본의	
12	느린	
13	일부, 약간	
14	마치다, 끝내다	
15	~없이	
16	꿀, 여보	
17	아이템, 물품	
18	~할 수 있는, 유능한	
19	시작하다	
20	시끄러운	

♣ 테스트의 정답은 앞의 페이지의 단어를 참고하여 직접 채점해 보세요.

agree
동 동의하다, 합의하다

They _____ with me.
그들은 나와 동의한다.

bright
형 밝은, 빛나는, 영리한

Your future is _____.
너의 미래는 밝다.

chat
동 수다떨다, 이야기하다

He likes to _____.
그는 수다 떨기를 좋아한다.

charming
명 매력적인

He is a _____ person.
그는 매력적인 사람이다.

college
명 대학

He goes to _____.
그는 대학을 간다.

fresh
형 신선한, 살아있는

The seafood is _____.
그 해산물은 신선하다.

garbage   명 쓰레기

Where is a _____ can?
쓰레기통이 어디 있어?

insect   명 곤충, 벌레

They eat _____s.
그들은 곤충들을 먹는다.

mobile   형 움직이는, 활동적인

This _____ phone is very old.
이 휴대폰은 매우 오래되었다.

once   부 한 번, 일단

I met him _____.
나는 그를 한번 만났다.

pot   명 냄비, 화분

What is in the _____?
냄비 안에 뭐가 있니?

press   명 언론, 기자, 보도 동 누르다

Don't _____ the red button.
빨간 버튼을 누르지 마.

simple   형 단순한, 간단한

The plan is _____.
계획은 단순하다.

stage   명 무대, 단계

This is my last _____.
이것은 나의 마지막 무대이다.

steam   명 증기, 수증기

The _____ engine is old.
증기엔진은 오래되었다.

sunset   명 일몰, 해질녘

Meet me at the _____.
해질녘에 보자.

surprise   동 놀라다, 놀라게 하다 명 놀람

I don't like _____.
나는 놀람을 좋아하지 않아.

tourist   명 관광객

They are all _____s.
그들은 모두 관광객들이다.

weed   명 잡초 동 제거하다

This is a _____ killer.
이건 잡초킬러이다.

whole   형 모든, 완전한 명 전체

I wasted a _____ day.
나는 전 하루를 낭비했다.

Check up

다음 문장들을 해석에 맞게 빈칸을 채우세요.

1. 그는 수다떨기를 좋아한다.

    He likes to _____.

2. 그는 대학을 간다.

    He goes to _____.

3. 이 휴대폰은 매우 오래되었다.

    This _____ phone is very old.

4. 쓰레기통이 어디 있어?

    Where is a _____ can?

5. 이 휴대폰은 매우 오래되었다.

    This _____ phone is very old.

6. 나는 그를 한 번 만났다.

    I met him _____.

7. 냄비 안에 뭐가 있니?

    What is in the _____?

8. 증기엔진은 오래되었다.

    The _____ engine is old.

9. 그들은 모두 관광객들이다.

    They are all _____s.

10. 나는 전 하루를 낭비했다.

    I wasted a _____ day.

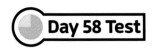
Day 58 Test

한글 단어 문제를 영어로 적으세요.　　　　점수: _____

문제	답
1　냄비, 화분	
2　동의하다, 합의하다	
3　일몰, 해질녘	
4　신선한, 살아있는	
5　잡초, 제거하다	
6　움직이는, 활동적인	
7　전체, 모든, 완전한	
8　한번, 일단	
9　곤충, 벌레	
10　관광객	
11　놀라게 하다, 놀람	
12　쓰레기	
13　대학	
14　증기, 수증기	
15　단순한, 간단한	
16　수다떨다, 이야기하다	
17　밝은, 빛나는	
18　언론, 기자, 누르다	
19　매력적인	
20　무대, 단계	

♣ 테스트의 정답은 앞의 페이지의 단어를 참고하여 직접 채점해 보세요.

Day 59

add 　　　　 통 더하다, 추가하다

Don't _____ more problems.
더 많은 문제를 더하지 마.

beat 　　　　 통 때리다, 이기다

She _____s me at the game.
그녀는 그 게임에서 나를 이긴다.

curly 　　　　 형 곱슬곱슬한

The noodles are _____.
그 면들은 곱슬곱슬하다.

decorate 　　　　 통 장식하다

What do you _____?
너는 무엇을 장식하니?

hike 　　 명 등산, 도보여행 통 등산가다

Go for a _____.
등산가자.

introduce 　　　　 통 소개하다

Let me _____ myself.
저를 소개하겠습니다.

Italian
圐 이탈리아인, 이탈리아어

Do you speak _____?
너는 이탈리아말을 하니?

loud
혱 시끄러운

The music is _____.
그 음악은 시끄럽다.

meal
圐 식사, 끼

How many _____s do you eat a day?
너는 하루에 몇끼를 먹니?

member
圐 회원, 구성원

He is a new _____.
그는 새 회원이다.

person
圐 사람, 개인

He is a lonely _____.
그는 외로운 사람이다.

plate
圐 접시

The _____s are expensive.
그 접시들은 비싸다.

pull
동 당기다, 끌다

_____ me out of it.
나를 빼내 줘.

rest　　　　명 휴식, 나머지　동 쉬다

We need to _____.
우리는 쉴 필요가 있다.

role　　　　명 역할, 배역

What _____ do you want?
너는 무슨 역할을 원하니?

smoke　　명 연기, 흡연　동 담배를 피우다

I saw _____.
나는 연기를 봤어.

solar　　　　명 태양의

We use _____ energy.
우리는 태양에너지를 사용한다.

supper　　　　명 저녁 식사

Did you have _____?
저녁 식사 했니?

sweet　　　　형 달콤한

Apples are _____.
사과가 달다.

tour　　　　명 여행, 관광

Honeymoon _____.
신혼여행.

다음 문장들을 해석에 맞게 빈칸을 채우세요.

1. 저를 소개하겠습니다.

   Let me _____ myself.

2. 나를 빼내 줘.

   _____ me out of it.

3. 너는 무슨 역할을 원하니?

   What _____ do you want?

4. 우리는 쉴 필요가 있다.

   We need to _____.

5. 나는 연기를 봤어.

   I saw _____.

6. 등산가자.

   Go for a _____.

7. 더 많은 문제를 더하지마.

   Don't _____ more problems.

8. 그 면들은 곱슬곱슬하다.

   The noodles are _____.

9. 그 음악은 시끄럽다.

   The music is _____.

10. 그 접시들은 비싸다.

    The _____s are expensive.

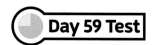

Day 59 Test

한글 단어 문제를 영어로 적으세요. 점수: _____

	문제	답
1	더하다, 추가하다	
2	사람, 개인	
3	접시	
4	때리다, 이기다	
5	곱슬곱슬한	
6	당기다, 끌다	
7	휴식, 쉬다, 나머지	
8	장식하다	
9	등산, 도보여행	
10	역할, 배역	
11	연기, 흡연, 담배를 피우다	
12	소개하다	
13	이탈리아인, 이탈리아어	
14	태양의	
15	저녁식사	
16	시끄러운	
17	식사, 끼	
18	달콤한	
19	여행, 관광	
20	회원, 구성원	

♣ 테스트의 정답은 앞의 페이지의 단어를 참고하여 직접 채점해 보세요.

Day 60

직접 쓰면서 암기해보세요!

able 형 유능한, 할 수 있는

Are you _____ to come?
너 올 수있니?

begin 동 시작하다

The show _____s at 3p.m.
그 쇼는 세시에 시작한다.

chat 동 수다떨다

We _____ in the park.
우리는 공원에서 수다떤다.

elementary 형 기초의, 기본의, 초등의

This is an _____ level.
이것은 기초 레벨이다.

enough 한 부 충분한

I heard _____.
나는 충분히 들었어.

garbage 명 쓰레기

Don't trash _____ here.
여기에 쓰레기 버리지 마.

interest
명 흥미, 관심, 이자

I have no _____.
나는 흥미가 없다.

item
명 품목, 목록

The _____ box is empty.
그 아이템 상자는 비었다.

mobile
형 움직이는, 이동하는

We live in the _____ house.
우리는 이동주택에 산다.

nephew
명 남자 조카

He is not my _____.
그는 내 남자조카가 아니다.

powerful
형 힘 있는, 강력한

She is a _____ woman.
그녀는 힘 있는 여자다.

price
명 가격

The _____ goes down.
가격이 내려간다.

simple
형 간단한, 단순한

The test is _____.
그 시험은 간단하다.

slow
형 느린

My cat is _____.
내 고양이는 느리다.

snow
명 눈 **동** 눈이 내리다

I want to see _____.
나는 눈을 보기를 원한다.

sock
명 양말

My _____s are blue.
내 양말들은 푸른색이다.

some
한 어떤, 약간, 몇몇

_____ kids lie.
어떤 아이들은 거짓말한다.

surprise
명 놀람 **동** 놀라게 하다

Did I _____ you?
내가 너를 놀라게 했니?

surprised
형 놀라게 된

My baby is _____.
내 아기는 놀랐다.

whole
명 전체 **형** 모든, 완전히

My _____ body hurts.
내 온몸이 아프다.

Check up

다음 문장들을 해석에 맞게 빈칸을 채우세요.

1. 그 쇼는 세시에 시작한다.

   The show _____s at 3p.m.

2. 나는 흥미가 없다.

   I have no _____.

3. 그 아이템 상자는 비었다.

   The _____ box is empty.

4. 우리는 이동주택에 산다.

   We live in the _____ house.

5. 가격이 내려간다.

   The _____ goes down.

6. 내 고양이는 느리다.

   My cat is _____.

7. 내 온몸이 아프다.

   My _____ body hurts.

8. 그 시험은 간단하다.

   The test is _____.

9. 그는 내 남자 조카가 아니다.

   He is not my _____.

10. 이것은 기초 레벨이다.

    This is an _____ level.

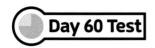

Day 60 Test

한글 단어 문제를 영어로 적으세요.   점수: _____

	문제	답
1	가격	
2	시작하다	
3	힘 있는, 강력한	
4	유능한, 할 수 있는	
5	느린	
6	기초의, 기본의	
7	수다떨다	
8	간단한, 단순한	
9	눈, 눈이 내리다	
10	충분한	
11	쓰레기	
12	양말	
13	어떤, 약간, 몇몇	
14	흥미, 이자, 관심	
15	품목, 목록	
16	놀라게 하다, 놀람	
17	움직이는, 이동하는	
18	놀라게 된	
19	남자 조카	
20	전체, 모든, 완전히	

♣ 테스트의 정답은 앞의 페이지의 단어를 참고하여 직접 채점해 보세요.

word puzzle

● 아래에 나오는 단어 여섯 개를 최대한 빨리 찾아 보세요.

시간기록:

x	l	u	a	c	g	l	u	m	z	s	q	q
h	g	u	o	n	e	z	p	q	c	o	k	e
i	q	h	b	e	e	z	o	s	h	l	t	t
y	n	q	m	p	c	j	w	r	v	w	d	r
a	v	t	j	y	j	f	e	i	b	y	z	u
n	x	h	e	y	b	k	r	g	l	n	q	d
w	i	v	l	r	p	d	f	m	c	h	e	u
m	p	g	j	o	e	m	u	l	a	c	d	h
h	j	v	e	i	i	s	l	i	o	m	z	s
a	x	v	e	b	s	m	t	r	s	j	j	e
i	l	b	c	k	a	f	a	w	d	p	l	r
a	q	i	q	t	q	t	u	j	e	l	a	f
g	o	q	d	m	e	e	m	w	g	x	e	j

① 흥미, 관심   ② 힘 있는,강력한
③ 장식하다   ④ 충분한
⑤ 시작하다   ⑥ 신선한

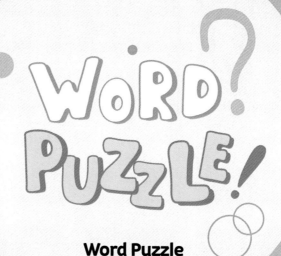

Word Puzzle
정답지

● 정답 부분 칸들이 글자 없이 비워져 있습니다.

빽빽이 초중등 필수 영단어 1

e	w		h	r	x	x	f	t	q	v		n
j	w	v		l	h	l	d	g	a		e	w
j	w	e	o		m	b	k	j		t	c	f
q	i		s	j		a	e		k	k	d	
z	c	k		z	e			p	i	l	t	
a	e	m	n		q	o		w	c	s		
v	q											
b	s	u	w	g	r		t	a	t	d		
f	p	s	k	b	t	m		c	z	b		z
h	n	v	d	y	d	c	b		h	z		l
q	l	z	g	o	v	v	m	o	z	x		y
q	j	k	g	p	x	f	y	x	s	q		f
w	n	u	c	v	a	j	t	f	o	h		q

z	d	u	i	e	h		f	e	c	t	k	m
	o	t	e	e	o		e	i	h	v	b	g
n		r		d	k		g	n	k	h	x	v
i	v		z		l		r	q	x	y	c	t
t	m	z		t			n	p	t			x
a	m	a	a		s		s	n		z		t
f	u	w	i	l		a		h	n			i
w	r	r	w	i	p			e	u			x
o	r	n	l	a	b		f		v			f
s	w	q	s	e		x	m	o	g	h	z	n
n	z	p	q		a	e	u	n	w	s	o	f
u	o	z	a	n	f	w	f	r	g	s	u	y
							j	s	c	q	y	

● 정답 부분 칸들이 글자 없이 비워져 있습니다.

DAY 21~25

g	o	u	c	t	h	g	c	i	p	t	s	r
l	a	g	r	j	o	g	p	o	x	v	m	v
a	i	p	v	g	e		b	t	z	m	w	d
k	f	e	b	q		g	d		k	l	z	p
w	d	x	g		g			y	o	i	f	k
x	v	u		l	d		o		r	g	e	
e	f		e	z		x	u		u	y	u	
o	q	x	n		g	y	s	k		p	f	e
a	i	s		t	t	y	e	u			g	p
e	r		o	i	z	r	b	i		r		q
y		p	z	h								
								o		t	s	p
n	g	q	c	v	q	j	x	m	x	f	f	x

DAY 26~30

u	r		a	x	v	k	w	w	x	g	r	
z	l	x		l	v	b	g	a	c	a	j	
	z	g	o		p	l	s	e	r	p	w	
v		p	j		k	h	g	g	d	f		
p	x			b	j		w	q	n	i	t	
x	x			p	r	r		u	a	n	w	
h		u	o		k	u	d		m	o	q	
	k	e	t									
n	p	m	f	j	p	e	g	d	u		l	d
h	d	q	q	o	q	x	w	s	h	d	o	b
y	i	t	o	p	r	m	z	j	l	t	h	a
b	b	c	m	x	o	i	h	e	l	q	p	j
								t	b	j	z	c

DAY 31~35

x	v	v	k	t	l	u		w	p	e	a	v
a	w	g	e	g	m		y	k	y	n	s	j
i	t	i	y	f		m	f	f	g	p	k	u
i	j	l	l		p	o	p	c	u	a	p	y
y	p	b										b
i	f		n	u	h	r	w	y	v	g	v	t
i		l	f	e		u		w	y	l	c	
							s	a	q			k
s	d	b	o	j	h	q		g	z		t	c
u	y	u	n	q	s	s				f	x	k
g	f	w	i	y	m	r				o	v	z
u	k	b	x	c	y	w		w	u		p	e
b	o	b	a	n	z	g	r	w	q	x		p

DAY 36~40

	l	c	v	l	m	p		c	j	n	f	y
p		m	a	k	d		z	p	t	o	f	i
b	b		r	j		z	y	p	t	o	f	i
z	o	k				y	p	o	c	r	x	a
v	v	g			w	t	r	z	y	c	r	l
w	u			o								p
w			z	m		u	q	a	g	w	p	
r		u			n	m	k	x	x	w	x	q
	u	k			q	o	j	s	u	g	y	c
m	r	r			x	p	b	e	v	f	w	q
e	o	n			p	o	j	n	m	u	a	a
b	u	o			p	b	j	c	n	n	f	l
p	a	j	n	c	f	l	k	y	c	k	y	m

● 정답 부분 칸들이 글자 없이 비워져 있습니다.

51~55

56~60